17

LIN

林书豪！

尉桐赫 著

从哈佛到全明星

LINSANITY

新华出版社

图书在版编目(CIP)数据

林书豪：从哈佛到全明星／尉桐赫著.
—北京：新华出版社，2012.3
ISBN 978-7-5011-9916-7

Ⅰ.①林… Ⅱ.①尉… Ⅲ.①林书豪—生平事迹 Ⅳ.①K837.125.47

中国版本图书馆CIP数据核字(2012)第034886号

林书豪：从哈佛到全明星

作　　者：尉桐赫

出 版 人：张百新　　　　　　　　　选题策划：孟　通
责任编辑：孟　通　郑建玲
封面设计：Plus2Pounds

出版发行：新华出版社
地　　址：北京石景山区京原路8号　　邮　　编：100040
网　　址：http：//www.xinhuapub.com　http：//press.xinhuanet.com
经　　销：新华书店

照　　排：沈浩杰
印　　刷：北京海纳百川旭彩印务有限公司

成品尺寸：170mm×232mm
印　　张：14　　　　　　　　　　　字　　数：200千字
版　　次：2012年4月第一版　　　　印　　次：2012年4月北京第一次印刷

书　　号：ISBN 978-7-5011-9916-7.
定　　价：38.00元

图书如有印装问题请与承印厂联系调换

目录

推荐序　林不疯狂，我疯狂！

1

从童年到传奇

2

命运绝杀，勇者进阶

9

凡人林书豪大爆发背后

林不疯狂，我疯狂！

马重阳 著名篮球解说员

"林疯狂，林疯狂，林不疯狂我疯狂！"

君子起床喊三遍，这一天神清气爽。这句话是我刚编的养生口诀。

如今看 NBA，就是看林书豪，体会疯狂。林书豪最开始出名的时候，大家管他叫"一周耶稣"，或者叫"一周上帝"，凡是大家都这么叫了，约定俗成了影响深远了，都是有点道理的。这里面有说他神奇的意思，有说他有信仰的意思，也有参照某个大神是上帝派到人间的云云，或者穿着多少号球衣的上帝本人，说到头了，把上帝他老人家用上了，就表示最厉害了。

我转播比赛的时候也引用，但是宣传纪律是不让说上帝什么的，不提宗教信仰，到我这，我给改改，我说叫"一周天子"。干主流媒体也挺不容易呢，很多词从脑子转到嘴的时候就给改了词儿了，好不好的，起码比不提强，表示一种尊重。

现在大家不叫这个了，人家可不是一周了，看上去要永远当巨星了，都叫他"林疯狂"。你看他那个样子，淡定从容的，怎么也不疯狂，可一个黄皮肤小个子在黑人堆儿里能干那活儿，这个事情太疯狂了。

真实发生的故事，从来都比大片里编的还疯狂。从一个睡沙发的边缘穷鬼，到万众瞩目的大明星，马上就要挣几个亿了，人家还是那样睡眼惺忪语态安详，就愈发疯狂。要搁经济危机以前，我第一个想到的词儿是美国梦，但如今美国没那么香了，风景咱这独好，可是咱这到底缺的是什么？

人是不是得有点信仰？

咱们都从小有共同信仰，唯物主义无神论。人就活一辈子，没天堂没地狱，包你没下辈子，你这辈子要干什么，又得信，又得念叨时刻提醒自己，所以叫信念。但不管怎么叫，前提都得是相信点什么，想干点什么，最后是能不能坚持。

人人小时候都有理想，我说我没理想，想干呆着还衣食无忧，其实也是理想，就是不敢信呗，你问谁为什么不能坚持理想，回答大半是"生活所迫"。林书豪为什么成功，人家坚持自己，在球场上把自己对比赛的理解都一五一十地发挥出来，能做到多少就做多少，结果成功了。

咱说实话，有些人打这个，有几场卯上了，后面压力就来了，我行不行啊？都看着呐？以后怎么办啊？开始哆嗦，一五一十的就没了，三脚猫就露了馅儿了。

中国人，还是凭实力，实力就是我打八折自毁长城我还能跟你支吧支吧，我得有多大实力？缺的是潜力。人家外国人，有多少发挥多少，还能老超常发挥。中国人为什么发挥不出来？压力。

林书豪的故事告诉我们，上天赋予了我们能力，社会给予了自己压力。有天么？有社会张嘴跟你说话了么？实际上还是自己，自己与生俱来的能力，自己给自己的压力。

每一个人都是独特的，失败了同样是独特的，都是每个独特个体与众不同的人生之路。林书豪的故事，最重要的是做自己。

本书的作者尉桐赫老师是我多年的好友，《体坛周报》报道 NBA 的资深编辑，胖胖乎乎的戴着圆眼镜。他傲然屹立于中国篮球记者圈，是在于对篮球界的八卦消息通天彻地、无所不知，对球星场内场外、从头到脚、穿衣戴帽、外衣内衣知道个底儿掉。

当我得知他要写一本关于林书豪的故事，我就知道这一定是中文的最全面的同时也是三百六十度揭秘林疯狂的八卦全书。这是一个充满故事的时代，让这亦真亦幻，疯狂地来吧！

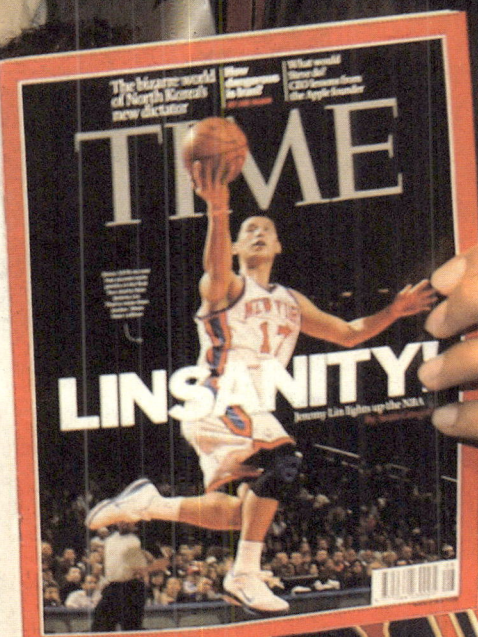

1

从童年到传奇

有其子，必先有其父

如果没有一个狂热的篮球迷老爸，林书豪恐怕也不会走上职业球员这条路。

从某种程度上说，他的父亲林志明也是位"狼爸"——在期待三个儿子爱上篮球这项运动方面。上世纪 70 年代从中国台湾移民美国前，林志明就已经痴迷于 NBA，电视里为数不多的与 NBA 有关的电视节目，绝对是一个都不放过。他甚至半开玩笑地说，自己当年费尽心力去美国留学，除了为在计算机工程领域继续深造，拿到博士学位，还有一个很重要的原因就是，在美国看 NBA 的比赛更方便。

很难想象，40 年前在美国以外的地方，居然有如此疯狂的 NBA球迷；因为那个时候的 NBA，正处于一段黑暗的岁月，其影响力与此时此刻远不可同日而语：球员吸毒，球场暴力屡见不鲜，上座率惨淡非常，电视转播更是少得可怜——1980 年湖人夺得总冠军时，洛杉矶球迷甚至都没得直播看，只能在午夜时段回味所支持的球队赢球捧杯的比赛录像。

"我也无法解释自己怎么会如此地喜欢篮球，但我就是喜欢。"林志明这样说。看来，这个世界上果然有无缘无故的爱。

更令人感觉不可思议的，除了迷上了这项当时在中国台湾并不太火的运动以外，还有一点就是林志明在去美国前，从没有真真正正打过篮球比赛，甚至可以说，这个身高只有 1.67 米的青年根本不会打篮球！

不过，就此断言林志明早早为儿子定下了进 NBA 打球的梦想，那也太武断了些。和那些一门心思将孩子培养成顶尖运动巨星的美国父母（如美国职业橄榄球联盟 NFL 著名四分卫托德·马林诺维奇的父亲马尔夫·马林诺维奇）不同，至少在美国普渡大学读书的那几年，林志明还没有这样的念头。

当他怀着美梦成真的心情打开电视，如饥似渴地欣赏着 NBA 比赛转播节目时，并没有意识到自己正见证着 NBA 步入黄金时代："天勾"贾巴尔、"J 博士"朱利叶斯·欧文、摩西·马龙等巨星正值职业

Young Dee
Janelle Gacad
Deborah Giles
John Glasgow

Ryan Glasgow
Erin Greer
ise Gustafson
Drew Harman
rah Hoffman
Joshua Hone

Albert Ju
Elizabeth Lee
Jeremy Lin
Tim Liu
Anna Luan
Cindy Mack

小学同学录

生涯巅峰，"大鸟"伯德和"魔术师"约翰逊黑白双雄争霸的好戏即将上演，当然更不能不提的还有"飞人"乔丹。快乐的单身汉林志明，当时只想着自己过眼瘾了……

这种"君子动眼不动手"的日子，一直延续到林志明开始打自己的第一份工。那份在洛杉矶的工作强度非常大，令他感觉身心俱疲，不得不寻找些调剂方式让自己放松，才不至于被工作拖垮。于是，林志明想到了打篮球。

"我觉得，打篮球一定挺好玩的。"问题是，尽管已经在美国呆了几年，但林志明依然完全不会打篮球，连碰篮球的机会都很少。按常理推测，既然是为了调节身心，那随便玩玩也就算了；可林志明不这么想，理工科出身、生性严谨的他不愿意打无准备之仗，于是开始更加疯狂地看NBA录像，像钻研学术课题一般剖析那些篮球巨星的精彩表演。用他自己的话说，似乎重新找回了刚到美国玩命攻读博士学位时的那种感觉。

"我一遍遍不厌其烦地模仿着巨星们的招牌动作，比如我的'勾手'，就是学贾巴尔的。"经过充足准备后，林志明才信心十足地走上了街头篮球场。

当然，我们不能指望这样一位临时抱佛脚的业余球员，能在藏龙卧虎的美国篮球界有什么惊天动地的表演，但就在苦练球技的这段岁月里，距离父亲这个人生角色还很远的林志明暗自做了一个决定：要让自己的孩子从小学打篮球——套用NBA官方的宣传语，这便是震惊世界的"林旋风"的奇迹诞生之地。

多年以后，当人们慨叹林书豪对篮球永不放弃的坚韧精神时，得到的回答是："我的父亲，才是个不折不扣的篮球痴。"真的是有其父必有其子。

从反对到鼓励——不一样的林妈妈

"美国的很多亚裔家庭，都把孩子的学业看得太过重要；而在我看来，能有更多时间陪伴孩子们一起玩耍，同样是件好事，我非常享受这种天伦之乐。"

时至今日，林志明这番话无疑会成为许多父母奉为真理的育儿金句。可实际上，即便在家庭内部，林父的理论也面临着巨大的反对压力——林书豪的母亲吴信信女士，也是上世纪 70 年代从中国台湾移民美国生活的，她的育儿理念与林父不尽相同。

这也不难理解：哪家父母不望子成龙？可在美国，又有几个亚裔孩子是通过职业体育出人头地的？至于篮球，至于 NBA，别说林母，恐怕林父都没听说过"三阪亘"这个名字——这位日裔美国人是林书豪之前，唯一一个在 NBA 打过球的亚裔球员，他曾在 1947 年被纽约尼克斯选中，但只打了 3 场比赛总共拿到 7 分就被球队毫不犹豫地裁掉了，因为身高仅 1.7 米体重不过 68 公斤的他根本承受不了职业联赛的强度。

几十年后，NBA 已然变得更高更快更狠了，林志明夫妇身高都不到 1.7 米，让孩子打篮球能有什么前途？

于是，林母还是希望让孩子沿袭一条"正统"的发展轨迹：闲暇时学学钢琴等乐器，以后可以当一名医生——律师、医生、工程师、科学家这类技术型工作，无疑是美籍亚裔人最稳妥的出路。

但理工科出身的林父却坚持，尽管篮球是自己的最爱，但也可能是孩子们感兴趣的事情，如果他们真的有兴趣，做父母的就应该全力支持，"我完全没有那种必须要把他培养成职业球员的想法，如果到时候他说自己根本不喜欢这项运动，那么我绝对不会再强迫他打篮球。"

听起来，林家因培养下一代所引发的矛盾，和绝大多数中国家庭并无太大不同。区别在于，林志明是个有毅力但不专横的父亲，而吴信信却是个足够开明善解人意的母亲，他们并没有因为这个矛盾吵得不可开交，而是按照中国传统理念，先由父亲这个一家之长做主，待孩子长大后再尊重他们的选择。

Jeremy Shu

三岁爱上篮球，五岁踏上球场

光阴似箭，林家的长男林书雅（Joshua Lin）已经 5 岁，到了父母约定的可以练球的年龄，林志明开始给儿子"上课"，传授那些从 NBA 比赛录像中整理出来的、在他看来非常珍贵的篮球技巧——当然包括林父引以为傲的贾巴尔式"天勾"。

不久之后，比大哥小三岁的林书豪加入了这个训练营；最后，三兄弟中最小的林书伟（Joseph Lin）也投伙了。林家父子四人就此开始了一周三练、每次一个半小时的篮球特训，即便是孩子们后来都上了学，业余时间没那么多了，训练也没有间断过。三兄弟放学回到家后会以最快速度做完作业，吃东西，休息片刻，从晚上八点半开始训练，练习的内容并不复杂，甚至可以说是单调乏味：运球、投篮、上篮、传球，各项基本技术都不放过，再加上二对二的林家内部斗牛赛。

和其他篮球少年模仿乔丹、艾弗森等明星炫目的高难度动作不同，林父给儿子看的录像带、教他们模仿的动作，绝大多数都出自已经退役的老球星。哪怕三个男孩跳起来还摸不到贾巴尔的肩膀，但林父坚持让他们有模有样地练习着勾手投篮——尽管没有打过一天职业比赛，甚至没有接受过专业指导，但林父却遵循着已被许多青少年篮球教练忘记的铁律：一名球员的成功，源自自身坚实的基础。

"我坚信，他们从这个年龄就开始苦练基本功，这些技术会深深植入他们的血肉之中，有坚实的基础，才会有后来的成功。"当然，林父并不是那种一门心思抓训练的铁血教头，他可不会无休止地增加练球时间，并没收掉孩子们的游戏机。循循善诱才能细水长流，这个道理他非常清楚。

How Lin

于是，林志明对篮球那种超乎寻常的爱，很快就被儿子们继承了下来。随着他们个子越长越高，肌肉变得结实，90分钟时长的训练课已经远远无法满足他们的需求了。林父就此过上了痛并快乐着的日子——完成繁忙的工作后，他还要陪三个精力无限的儿子，在一切能打球的篮球场激战几个小时，直到所有人都筋疲力尽才罢休。

不过，这只是个笼统的说法，林书豪的故事可没有那么简单，他对这颗橘色的大皮球并非一见钟情。5岁刚开始打篮球时，他曾被父亲带去参加一个少儿篮球联赛，哥哥林书雅至今记得二弟出工不出力的懒怠表现："有一半的时间，他只是站在球场上，吮吸着大拇指当观众。"

令人意外的是，本来不太支持儿子们打篮球的林母，这次却没有借机让小书豪放下篮球、将其拉回到钢琴旁，而是选择站在丈夫一边。当看到小书豪偷懒耍滑，林母的做法是：从此再也不去现场看他打比赛了。

眼见母亲"抛弃"了自己，小书豪慌了神，他恳求母亲重新回来给自己当观众。这时林母认真地告诉儿子，要想让她再去现场加油助阵，就必须改变那种吊儿郎当的比赛态度。"我会拼命打球，努力得分的。"小书豪当即表态。而当林母再去现场看球时，他也兑现了自己的承诺，拿下了当场比赛的最高分。

在孩子小时候灌输给他许多技能，有时甚至是家长自己未了的心愿，许多父母的这种思想无疑饱受非议。林志明夫妇的做法其实也差不多。但他们比其他父母做得更好的是：林父培养起了孩子的兴趣，并能够坚持不懈。林母则教给了孩子做事要全力以赴的道理。林书豪日后的成功，与父母言传身教的"坚持"不无关系……

"自那件事起，他在篮球道路上正式起航，再也没有走过回头路。"
林书雅如是说。

大赛当前，却苦练小提琴！？

"在我长大成人的这些年，妈妈的一些朋友总会对她说，我打篮球纯粹是浪费时间。她没少因此受批评，但还是支持我打篮球；因为她说看我打篮球时非常快乐，她希望我过快乐的生活，所以支持我做自己想做的事情。有趣的是，当我成功进入哈佛大学后，那些曾经批评过我妈妈的人反而来追问她，该让自己孩子从事什么运动，才能考入哈佛？这的确是个很有意思的转变。"

的确，在林书豪还没有在 NBA 突然蹿红前，他已经在自己的生活圈子里小有名气了——谁不希望自家有个读书好又会打篮球、文武双全的帅气儿子？可这样的全才又怎会是天上掉下来的？学习打球两不误，早在读小学的时候林书豪就是这么做的了。

和林书豪同为国王学院小学篮球队球员的莱恩·格拉斯哥，至今还忘不了这个令他又佩服又嫉妒的队友：学习厉害，打球也厉害，国王学院当时六年级每个班有 50 多名学生，但风头都让林书豪一个人抢走了。

上学也要带着个篮球，每天都要打好久，可一到考试还是拿全 A，参加单词拼写比赛也能代表班级出赛……格拉斯哥坚信，即便林书豪不打 NBA，将全部精力投入学业也必将成就非凡，似乎就没有什么事

2012年和易建联

情能难倒这个小个子。

小个子？没错，当时的林书豪在同龄人中一直算是矮的——设想一下吧，上高中时他还只有 1.6 米高，体重刚过 110 斤，小学时得瘦弱到什么程度？但在国王学院的校队，林书豪可是绝对的核心，如格拉斯哥所言："如果一场比赛我们队以 29 比 26 击败对手，那么其中有 22 分都是他得到的。"虽然身高体重力量劣势明显，但凭借过人的速度和扎实的技术，很少有人能防得住他。

林书豪"小学职业生涯"最神奇的个人秀，发生在六年级赛季临近末期时。当时国王学院队迎来了一个劲敌：都柏林山谷基督学院队。大家都对这场比赛非常重视，希望能在对手身上取得胜利。

可就在球员们忙于赛前热身时，大家突然发现：林书豪还没来！这可是个从来不会缺席比赛、球队也缺不得他的人物啊！整支球队都慌了神，"寻觅大兵林书豪"取代了热身练习，但直到比赛开始也没有找到他。不得已，国王学院队只好以残阵迎敌，结果自然可想而知：寻人行为一直延续到上半场结束毫无收获，球队则以10比16落后。

谢天谢地！中场休息的时候，国王队的"国王"、他们的皇牌球员终于现身了！可在格拉斯哥的记忆里，那出"王者归来"的好戏开幕并没有那么激动人心，因为林书豪看起来很疲倦，好像根本没睡醒一样。有人忍不住问他，到底跑到哪里去了？林书豪只是淡淡地回了一句："练小提琴去了。"

大赛当前依然苦练小提琴？投篮还能保持手感吗？队友都暗自为林书豪捏了把汗。不过，核心归来总是件大好事。最后的结果也如预期般圆满：国王学院队成功上演逆转，最终以2分险胜。

但是，当时几乎所有人都不看好林书豪的篮球前景，毕竟谁也无法否认，身高体重弹跳诸如此类的先天指标，对期待成为职业运动员的美国少年们有多么重要。父母都是没什么运动天赋的普通人，林书豪能不能长到1.8米都是个疑问，他能有多少资本和人家比？

"比如我的朋友贝斯特，他是中学校队的橄榄球明星，"格拉斯哥笑着说，"每次看到贝斯特那强壮如牛的体格，我都忍不住回忆起林的豆芽菜身材，当时真是为他的运动生涯担忧啊！"

可林书豪父母并不会考虑那么多，因为他们也没有刻意将包括林书豪在内的三个儿子培养成NBA球员。对于喜欢打篮球的他们，父母的态度一直很明确：只要把书念好，球爱怎么打就怎么打。可如果成绩退步了，那对不起，要压缩打球时间用来补课。

"为了有更多时间打篮球，书豪总是抓紧时间认真把功课完成，事实上，打球反倒对他的学习起到了促进作用，"林母解释道，"这种教育方式可以说是中西合璧，在美国，行行出状元，遵循孩子的喜好诱导他成长，总比强行按照父母的意愿培养要容易得多。打篮球无疑是书豪的最爱，像NBA选秀前在拉斯维加斯试训那段时间，看他每天都早早起来练球，我真的觉得很辛苦，但他却觉得很开心。我们支持他在大学毕业后做自己喜欢做的事，不过在此之前还是得有起码的学识，所以学业是绝对不能荒废的。"

由于林书豪本人的坚持，他从小到大都没有离开篮球；也由于父母的坚持，他的学习成绩也一直不错——这无疑是个令人羡慕的发展轨迹。

吃出来的"先天优势"

在父母看来，虽然自己对三个儿子一视同仁，并没有任何偏私之处。但小书豪无疑是最幸运的。

首先，哥哥书雅练习篮球时，父亲林志明还是个"菜鸟训练师"，而且亚裔家庭普遍对篮球不感冒，甚至不知道如果有志将孩子培养成职业选手，究竟该参加什么比赛，抑或进行何种特训——书雅也因此错过了打初中联赛的机会，那个时期正是最佳的成长阶段。

吸取了教训的林父，没有在书豪身上犯同样的错误，何况帮哥哥找球队打比赛时，就可以带着他一并参赛。而比起弟弟书伟，林书豪则胜在先后碰到了不少好教练，给他机会出场，帮他改正错误，弟弟则没有那个运气，光在高中就走马灯般换了三个教练……

"可以说，天时、地利、人和都落在了书豪身上。"林母笑着说。而上帝对这位篮球少年真正的恩赐，则是他远超家人的身高。

时至今日有人开始猜测，因为林书豪外祖母的家族都很高，比如外祖母的父亲身高超过 1.83 米，所以他能长到 1.91 米也是可以理解的。也有人戏称，因为林书豪是三兄弟中食量最大的，所以长得比较高大——林父的解释更客观些，因为林书豪打球最拼命，消耗最大，自然吃得也就最多。

要知道中学时他曾同时参加了 4 支球队的训练，课余生活几乎就是穿梭在各个球场之间，不补充能量怎么扛得住？"没有什么比练球后大吃一顿更爽的事情了！"这就是林书豪眼中的欢乐时光。

不管怎么说，读中学那几年，身高一直是林书豪最介意的事。

从小，林书豪就习惯挑战"更高更快更强"，因为他总是和比自己年长三岁的哥哥一起训练。哥哥的球队跑步练体能，他坚持跟在后面；哥哥的球队进行室内训练，他也一起练习投篮。"我始终跟着哥哥，因为超过他一直是我的目标。"

球场上，林书豪并不害怕和比自己高大强壮得多的人较量；可初中毕业时只有 1.6 米高，57 公斤重，这样的现实仍然让他有些沮丧。别说在篮球队，即便在高中校园里，林书豪都属于标准线以下的那一拨，甚至不少女孩都比他高，比他重。

"记得我总是校队里最矮的那个人，直到读高中时依然又瘦又小。我觉得自己根本没机会进大学打球了，入选 NCAA 校队根本就是白日

做梦。"尽管帕洛阿尔托高中教练彼得·迪彭布罗克将其召入队，但林书豪心里很清楚，如果不能长得更高一些，自己迟早会被淘汰。每次训练结束回到家，他都忍不住问父母："我还能再长高点儿吗？"

显然，林父林母是无法回答这个问题的，但他们总是不厌其烦地鼓励儿子，你可以的，要相信自己能做到。尤其是林母，连迪彭布罗克教练都知道这位弟子有个好妈妈："正是因为有她的鼓励，林才有着超越常人的自信心。"而随后的变化令人瞠目：高中四年，林书豪几乎每年都要长高七八厘米，高中毕业时他已经长到接近1.9米了。

"我不得不说，感谢上帝庇佑。"作为一名虔诚的基督教徒，林书豪将其归咎于上帝的恩赐，"刚出生时我就比两个兄弟都要重，很多人开玩笑说，父母给我吃的婴儿食品比他们俩都多，但事实是这完全都是天生的，而不是后天作用。尽管我母亲身高还可以，但我的父亲很矮，只到我的下巴这里。我认为是上帝看到了我对篮球充满了热情，才让我突然长高的。我爸爸对此是既激动又嫉妒，他甚至还和我说，如果他和我一样也是从小在美国长大，完全可以长到像我这么高。但是，我真的不这么认为。"

不管是因为什么，身高达标的林书豪，在校队牢牢坐稳了主力位置，并很快成为球队核心。高二，他入围所在赛区的年级最佳阵容；随后两年，他又连续当选了赛区最有价值球员。别说作为亚裔球员，任何一个高中生取得如此荣誉，都足以自豪了。

可是，生活从来都不是一帆风顺，林书豪的春天还远没有到来。

"华裔"不是标签，"赢"才是！

林书豪并不会被所取得的成绩和荣誉冲昏头脑，一门心思打好篮球的他从来都只把自己当做是个受上帝庇佑的幸运小孩。但是，一些别有用心的家伙，并不会因为他的谦逊就轻易放过他；因为华裔的身份，总有些同学用另类的眼光看待他，总有些令他难以容忍的嘲讽扑面而来，有人让他滚回中国，有人则奚落他的细长眼睛（黄种人的面部特征之一）根本看不清篮筐……

少年林书豪搞怪图

　　有时候，一些无意的伤害更伤人。林书豪第一次随队去旧金山参加地区比赛时，却在走向球馆更衣室时被工作人员拦住了："对不起先生，今晚这里举行的不是排球比赛，是篮球比赛。"

　　"在我成长的过程中，那段时间的确是非常艰难的，我完全得不到应有的尊重，没人相信我能打好篮球。"就在林书豪为外界的歧视苦恼时，父亲给了他人生中最为重要的一个建议——

　　"我要告诉你，尽管有人总是对你指指点点说三道四，但你必须保持头脑清醒，绝不能因此生气恼怒，乱了方寸，因为这些闲言碎语根本没什么用。我对他说，只要你能赢下足够多的比赛，他们理所当然会尊重你的。"

林书豪用行动证明了父亲这番话的正确性。读高四那年，他在当季交出了场均 15 分 6 篮板 7 助攻 5 抢断的超华丽数据单，率领帕洛阿尔托高中取得了 33 战 32 胜的惊人战绩，并在加利福尼亚州校际联盟比赛中过关斩将杀入决赛。那些曾经嘲讽林书豪的人，开始对这个黄皮肤黑眼睛的小个子刮目相看，进而佩服得五体投地。

决赛开打前，林书豪引发的奇迹出现了：帕洛阿尔托高中和死敌亨利·戈恩高中的球迷，居然挤进了同一家披萨店里，异口同声为林书豪和队友们摇旗呐喊。化干戈为玉帛的两伙人也看到了最希望的圆满结局：面对全美排名第 19 位（能上榜的球队都不是好惹的，何况 19 名绝对算是个高名次）的圣母学院，帕洛阿尔托高中以 51 比 47 取得了最终胜利，林书豪独得 17 分，第四节关键时刻他几乎只手挡住了对方的殊死反扑。

不出所料，加州几乎每家媒体都将林书豪评选为年度最佳球员，他已经是这里最有名的高中篮球手之一了。但他想得到执教 NCAA 一级联盟球队那些篮球主帅的认可，太难太难。在高中校队主教练和母亲的陪伴下，林书豪见了许多为大学招募球员的工作人员，可他们纷纷表示，对这个瘦弱的华裔青年"不感兴趣"。迪彭布罗克不止一次说过，林书豪绝对是自己执教过的最好的球员，"我敢说无论站在哪块篮球场上，他都是优秀的球员。"但他也表示，可以理解那些大学的决定，"不能就此认定球探们都瞎了眼，当时的林看上去难免让人心生疑惑。"

尽管没有任何证据，但林书豪心知肚明，自己的肤色就是那些大

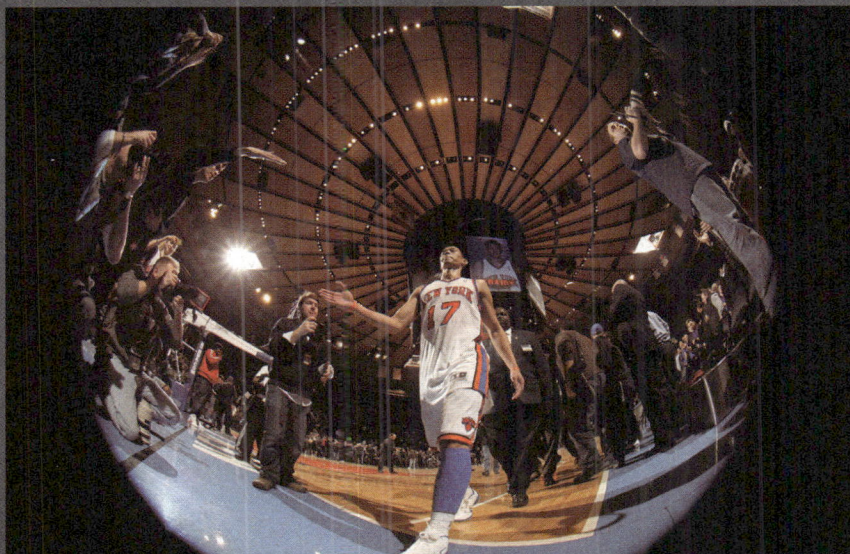

2012纽约之王

学的疑问所在——2009 年 NCAA 官方统计显示，一级联盟所有大学共有 5051 名球员，其中只有 20 人有亚洲血统。换句话说，亚裔球员只占总人数的千分之四。想挤进篮球名校，更是难比登天。

　　前 NBA 球员雷克斯·沃尔特斯直言道："就因为林是亚裔球员，人们都会先入为主对他抱有一些偏见。比如说如果是一名白人球员，他要么是个射术精湛的神投手，要么是个性格暴戾的偏执狂。如果他有亚洲血统，那他一定更擅长数学而不是篮球……林是那种一场比赛的分分秒秒里基本都能做出正确选择的球员，但这个优点需要你花很长时间才能发现，这就是大学招生不可避免的缺陷。而如果一名球员的名字没有出现在球探给出的招生名册前 100 名里，很遗憾，教练基本不可能招他。"

"天才"被迫读哈佛，只为能打NBA

"我最想加盟的球队是斯坦福大学。"

"哈佛学子＋NBA球星"的双重光环是如今林书豪最醒目的标志，但这所世界著名的学府并非他的初衷。"斯坦福大学就在我就读的高中旁边，斯坦福许多球员都是我的偶像，我曾无比期待自己能在未来某一天成为那支球队的一分子。"

生于加州长在加州的他，无比希望能为家乡的某所大学效力，但现实却是无比残酷。时至今日，林书豪依然记得自己是怎样被那些大学一一婉拒的："UCLA（加利福尼亚大学洛杉矶分校）的回应是，对我没有丝毫兴趣；斯坦福大学的回应是，基本不可能；而加州大学伯克利分校的教练在看过我的录像后，依然叫不准我的姓氏'Lin'……"

当林书豪在尼克斯大红大紫后，记者们找到了当年放弃他的那些大学教练。有人坚持认为自己当年的选择没有错，"事后诸葛亮"完全没有意义；但也有人已经开始后悔了。

斯坦福大学是离帕洛阿尔托高中最近的大学，两校间仅隔着一条街。可当时斯坦福男篮主帅、现在执教路易斯安那州立大学的特伦特·约翰逊，坚持不肯穿过这短短的一段路，为林书豪送上一份邀请函。

"我们知道他，但没人能预测到他的发展趋势。招生时也没有人给我施加压力，要求我必须签下这名球员，所以……"前加州大学伯克利分校主帅、现在执教莱斯大学的本·布劳恩教练则自嘲道，他看错的球员还有比林书豪更大牌的，比如两届 NBA 常规赛最有价值球员得主史蒂夫·纳什。

"我其实没怎么后悔，走眼也不是一次两次了，而且我们不是没邀请他入队，只是想在搞定其他人选后，给他一个没有奖学金的名额。我很喜欢林这名球员，我们的过错在于没给他奖学金。"话虽如此，如果有林书豪在队里，布劳恩是不是可以避免因为连续两年没有带队杀入 NCAA64 强赛，从而在 2008 年被解雇呢?

比起前两位同行，旧金山大学前任主帅埃文斯可就不那么淡定了，2008 年被解雇的他如今的身份是一名球探，在他看来，林书豪是有能力改变球队以及自己命运的那个人。"如果当初邀他加盟，或许我就不会下课了，真希望我们签下了他。我认为他是个优秀球员，只是没坚持要他……"

世上没有后悔药卖。

最终没有获得任何来自 NCAA 一级联盟大学奖学金的林书豪，接受了名头虽大但篮球实力平平的哈佛大学的邀请。因为常青藤联盟的所有学校都不给运动员提供奖学金，所以林书豪必须自己支付高昂的学费。但哈佛大学隶属于 NCAA 一级联盟，加盟后可以打上美国最高水平的大学比赛。

更重要的是，斯坦福和 UCLA 只同意让他加入预备队，升入正式队代表学校出战 NCAA 希望渺茫，哈佛大学则保证他可以成为校队正式成员。几经权衡后，林书豪做出了离开加利福尼亚州，远赴波士顿（哈佛大学所在地）的决定——这，无疑是他人生中最重要的一次远征。

—— 除了民族狂欢，还有种族争议 ——

时至今日，哪怕林书豪已经红透半边天，也有人拿他的肤色血统说事。拳王弗洛伊德·梅威瑟便是其中之一。

"林氏风暴的产生，就是因为林书豪是亚裔，很多黑人都有这种表现，但却得不到这样的媒体关注。"梅威瑟在推特上发布的这条明显带有种族歧视色彩的话，无疑引发了轩然大波，很多人都对此表达了强烈的反感和抗议。但梅威瑟坚称，不会因为这番话而向林书豪道歉。

"就像我之前所说的那样，媒体总会把水搅浑，他们不会报道我曾经说过的，林书豪是个优秀的球员。我对自己说过的话感到后悔。没这回事，我坚持自己的看法，这就是我想说的。我绝对不是个种族主义者，我和犹太人、多米尼加人、墨西哥人、波多黎各人、白人一起共事，我最好的朋友之一就是白人。"

事实上，NBA 圈子里多多少少也有人持有类似的观点，当然他们不会偏激到像梅威瑟那样公开反复地说。某位东部球队球员曾经表示，林书豪的惊艳表现和特别背景，共同促成了这个火到不行的传奇。

骑士主教练斯科特则不同意这种说法："这和种族没半点关系，而是个把握机会一飞冲天的故事，因为它太不可思议，而这正是体育的最大魅力所在。如果有人非要将其和种族元素联系起来，我只能说这人不懂体育。"

好莱坞影星罗伯特·克莱恩也坚定地站在了林书豪一边。"关于林书豪的中国背景，关于他种族，根本没有任何可供嘲笑的地方，拿种族说事是对当事人的巨大伤害。特别是 ESPN 之前用过的那个词'Chink'（对黄种人的种族歧视词汇）年轻人可能真的不知道它会给林书豪以及亚洲人带来多大的伤害……很多东西都被人为地和政治搅合到一块儿，我真无语，有些美国人就喜欢用种族方面的东西乱开玩笑。"

正如克莱恩所言，林书豪做到了美国人梦想的一切，成就了一个伟大的亚裔美国梦，人们在他身上看到了最宝贵的美国品质。这些，和肤色有什么关系?

2

命运绝杀，勇者进阶

几度欲退学哈佛

石油大亨霍华德·休斯、大发明家伯尼·莱特、著名歌手格兰姆·帕森斯、微软两大巨头比尔·盖茨和史蒂夫·鲍尔默、Facebook 网站创始人马克·扎克博格……这一长串如雷贯耳的名字，他们有着同样的特性：都是哈佛大学的退学生。

差一点，林书豪也成了"哈佛退学军团"中的一员。当然他的成就还达不到上面这些传奇人物的高度；或许，用现代奥运会首枚金牌得主詹姆斯·科劳里与他类比更加恰当：1896 年，31 岁的科劳里本是哈佛大学法律系的学生，因为想参加在希腊举行的首届现代奥运会，而学校又不准他请长假——当时从美国去希腊只能坐船走海路到意大利再转陆路，来回要两个月时间——科劳里毅然选择退学，并最终荣膺三级跳冠军，成为 1527 年来首位夺得奥运会金牌的运动员。同样是为追逐运动的梦想，林书豪也曾经动了退学的念头。

在绝大多数人眼里，哈佛大学和斯坦福大学两家并无太大区别，都是世界级的学术名校！可在篮球运动员眼里，这两所学校的地位简直可以用天差地别来形容：斯坦福大学堪称 NCAA 的一支劲旅，迄今已经有 26 名球员在 NBA 球队效力，NBA 史上首位单赛季总得分超过 2000 分的名人堂球星乔治·亚德利，被称为"袋鼠男孩"的名人堂球星吉姆·波拉德，1997-1998 赛季抢断王布莱文·奈特、杰森·科林斯和杰伦·科林斯兄弟、布鲁克·洛佩斯和罗宾·洛佩斯兄弟等人，都是这所学校走出的，还包括林书豪现在的尼克斯队友、后场好搭档兰德里·菲尔兹。

反观哈佛，虽然是 NCAA 常青藤联盟的老牌球队，但过去 100 多年来从未染指过联盟冠军，就算排名第二也只有可怜的 3 次。历史上唯一荣膺联盟年度最佳球员的，是在篮球圈毫无名气的乔·卡拉比诺（1984 年）；在林书豪进入 NBA 前，哈佛历史上只有两名球员打过 NBA：一位叫埃德·史密斯，1953-1954 赛季曾经为纽约尼克斯（又是尼克斯）！继 NBA 史上首位亚裔球员三阪亘后，神奇的尼克

2012年和偶像基德

新秀赛季结束后钓鱼

斯又出现了——效力11场，总共投进了11个球，得到28分、26个篮板、9次助攻。另一位索尔·马瑞亚钦，则是在1946-1947赛季效力于波士顿凯尔特人，当时NBA联盟还不叫NBA，而是叫BAA，马瑞亚钦也不过打了43场比赛，总共得到333分和60次助攻。

即便是外行也能轻松分辨出，球员为哪所学校效力更容易出人头地。只不过如果想征战NCAA一级联盟，哈佛是林书豪的最佳选择，何况那里还能保证他一定的出场时间。不过，在2006-2007赛季开始后，林书豪渐渐对自己的选择后悔了。

一不小心撞上了"新秀墙"

作为球队的替补后卫，林书豪在NCAA处子赛季伊始就能获得场均近20分钟的出场时间，这已经相当难得了。但他很快发现：NCAA的世界和加州高中联盟是迥然不同的，这里的球员身材更高，力量更大，速度更快，投篮更准，防守更狠。

林书豪虽然当时身高已经长到了1.88米，但依然很瘦弱，只有75公斤，跑跳能力受先天所限，也无法与黑人球员相比。这让他的NCAA之旅异常艰难：首战6投仅1中得2分，虽有6个篮板、2次助攻、4记抢断，但也有 4 次犯规和 3 次失误。此战一分未得，只有 2 个篮板和 2 次助攻进账……开季连续 15 场比赛，整整两个月，这位高中联赛得分如探囊取物的全能后卫，从没有任何一场比赛得分达到两位数——那个赛季林书豪参战 28 场，只有 4 次得分过 10，最高分也不过 12 分，还没有他在高四时的场均得分高。

对于志在扬威 NCAA 赛场，企图杀入 NBA 的年轻人而言，这绝对是个不小的打击。

另外，一些客观因素也影响着林书豪。在加利福尼亚州呆了近 20 年的他，已经习惯了温暖湿润、阳光明媚的气候，但在波士顿，在美国的东北部，他第一次感受到了严冬的冷酷、冰雪的无情。

"来哈佛大学前我甚至没有亲眼见过雪，在波士顿我算是见识了，但我根本没有任何玩雪的兴趣，因为实在是太冷了，冻得我根本不想动弹。只有躲在屋子里，把空调温度调得高高的，我才能勉强过活。"

Jeremy Shu

可想而知，在那样的生活状态下，林书豪是很难打好球的。因此，他一度产生了退学转校的念头："有一阵子我非常想离开波士顿，回到加州读书，至少在家乡，我冬天也能跑到室外锻炼，打球。"

尽管 NCAA 处子赛季球场内外都过得很不顺利，但林书豪还是显露出了自己在篮球场上的一些天赋。得益于从小随父亲训练打下的基础，林书豪身上可以看到许多老牌球星的影子：他看着"魔术师"约翰逊的录像，学习如何观察比赛形势，指挥全队跑战术，为队友传出好球；他看着"大鸟"伯德的录像，学习如何用尽可能多的进攻方式将球放进篮筐，包括亦真亦假的突分，以及动作多变的上篮；他看着"J博士"欧文和贾巴尔的录像，学习如何在篮下面临对手严密封堵也能将球放进去……

尽管左手技术还存在缺陷，比如不擅长突破；但作为大一新生，其全面性已经达到了另一个层次，哈佛当时的主教练就曾当着所有人的面直言："我这辈子见过的所有这个年龄的球员里，林无疑已经甩开了其他人一大截。"

前哈佛篮球队后卫德鲁·霍斯曼回忆道，林书豪刚加入球队时的一次个人秀让他至今难忘。那是在队内训练赛上，林书豪本来是在不紧不慢地运着球，突然间表情一变手臂一翚，"他竟然用一个不看人传球，将球直接送到处于低位的内线队友手上了！对方需要做的只是轻松上篮得分。这么高难度的动作，他做起来简直易如反掌，我比他年纪还大，却只有看的份儿……"

但霍斯曼也承认，林书豪在NCAA赛场的新秀墙撞得不轻，他需要克服的困难太多。再加上林书豪想去一所篮球队实力更强的学校的想法始终没有破灭，看起来他在哈佛的生活马上就要画上终止符了。

How Lin

幸好在 2007 年春天，他迎来了一位改变哈佛篮球队命运，也改变了他
自己命运的人。

"老K教练"一席话，引书豪生涯蜕变

汤米·阿梅克，在林书豪成名前，除了哈佛大学的粉丝，只有资
深的 NCAA 球迷才记得这个名字。

1983－1987 年，他是杜克大学的主力控卫，外线头号防守者，现
美国男篮主帅"老 K 教练"沙舍夫斯基的高足，1986 年曾代表美国
在西班牙男篮世锦赛勇夺金牌。大学毕业后他没有打职业联赛，而是
留在杜克大学做助教，跟着"老 K 教练"一学就是 9 年，随后，他先
后在西东大学和密歇根大学做主帅，率领实力并不强的西东大学打入
NCAA16 强，也带着密歇根大学赢得 2004 年 NIT 邀请赛（全美最早
的大学篮球锦标赛，目前赛事规则为每年邀请未能入围 NCAA64 强
赛的 40 支球队参加）冠军和 2006 年 NIT 邀请赛亚军。2007 年 3 月
被密歇根大学辞退后，4 月 11 日，阿梅克被哈佛大学聘为男篮主帅——
值得注意的是，他也是哈佛历史上首位黑人主教练，和黄皮肤黑眼睛
的林书豪一样，总免不了让外界对他们"另眼相待"。

阿梅克的确出手不凡，和那些可能并不在意将球队带成什么样，
也不期待能取得好成绩的教练不同，他按照 NCAA 传统篮球豪强的标
准改造着哈佛。一方面，他竭力让更多人开始关注这支球队，如说服
耐克公司成为装备赞助商，耐克赞助的 NCAA 球队很多，哈佛能因

此得到更多与强队打热身赛的机会。他邀请波士顿凯尔特人主教练道格·里弗斯、杜克毕业的 NBA 球星格兰特·希尔等篮坛名人来到哈佛举行训练课，让这些年轻人坚定好好打篮球的信念。甚至，连球队媒体手册印成什么样子他都要管，理由是"要让大家对球队手册感兴趣，翻开读，才能更了解我们"……

另一方面，阿梅克开始"不拘一格用人才"。他仔细研究了球队的所有录像，当看过林书豪的资料后，他留下了一句话："此子日后必成大器。"林书豪的全面能力是阿梅克最看重的，他甚至有些意外，哈佛队里居然也有这种类型的球员，更意外这样的球员居然没有打出与实力相符的表现。"林书豪的速度很快，力量也没有想象中差，进攻手段相当丰富，打球也足够用心。篮球场上的各种工作，他几乎都能完成，我为什么不多用他？"

不过，阿梅克也明确指出了林书豪的弱点：他应该让自己变得更强壮些，这样和对手对抗才不吃亏，也能避免受伤；防守除了态度认真，其实还有很多技巧；除了赛场上相互配合，平时还要多和队友沟通，不要在意外界的歧视和非议……

就像林母所言，林书豪虽然从小就是个很成熟的孩子，对自己每个阶段追求的目标都很清楚，坚持追逐梦想，一往无前，就像球场上所表现的那样；但骨子里他还是个很傲气的人，小时候打球风格很霸道，甚至可以说有些独，不喜欢传球给队友，怕人家投不进球浪费了得分机会，所以干脆都自己大包大揽。直到上了中学，这种情况才有所改善，懂得如何与伙伴合作。但在关键时刻，他仍喜欢单打独斗，高中最后一战对圣母学院村，他就是用第四节的统治级发挥决定了比赛走势。林书豪自己也承认，直到大一打 NCAA 时，他对比赛的理解仍是靠投篮、突破和传球赢得比赛。阿梅克教练让他懂得了 NCAA 篮球的真谛，知道如果想成为一名职业球员该做什么。

林书豪是幸运的，他得到了父母的教导，兄弟的鼓励，朋友的支持，教练的点拨；但更重要的，是他自己的坚持。自阿梅克教练醍醐灌顶般的一番讲解后，林书豪仅仅用了几个月时间，就完成了篮球生涯的又一次蜕变。

一部疯狂训练机器诞生了

很有意思的是，在帕洛阿尔托高中篮球队主教练迪彭布罗克眼里，林书豪在他手下打球时，"并不算是一个训练课上兢兢业业的球员。"也许是习惯了父亲的训练方式，林书豪似乎对校队的训练并不怎么感冒。但阿梅克的话让他明白了，自己距离职业篮球运动员还有多远的差距。

"在哈佛上了一年学后，暑假期间林突然回到帕洛阿尔托高中找我，要我对他进行魔鬼特训。"迪彭布罗克笑着回忆着当时的场景，"我跟他说，过去几年咱俩几乎每天都要见面，可你直到现在才想起让我好好操练你？而林的回答是，'没错，因为现在我终于知道，我是多么需要训练。'"

迪彭布罗克没有理由拒绝自己最好的学生的请求，也就是从那天起，一部几近疯狂的训练机器出现了。

2012年全明星定装照

这是一份几乎每天都要执行的训练计划：上午 10 点—11 点，速度和灵敏度训练；上午 11 点—午饭前，耐力及负重训练；下午 1 点—下午 2 点，各种投篮训练；下午 2 点—下午 4 点，个人针对性训练。

从 2007 年夏天直到现在，这个魔鬼训练计划林书豪一直坚持着，从不间断。因此，当他在尼克斯一炮走红进而大红大紫，迪彭布罗克说自己根本就不意外，也不认为这是什么奇迹——天道酬勤，机会总是垂青准备充分的人。

另外，林书豪也在想尽办法让自己变得强壮些，再强壮些。

前哈佛橄榄球校队跑锋和林书豪做了三年室友，同样是龙的传人，现在 NFL 中国公司工作的何凯成无疑是最了解林书豪的人之一。他记得自己第一次见到林书豪时，对方还是个相当瘦弱的家伙，尤其对比橄榄球运动员无比强壮的身材，差距就更加明显了。

"他不停地练力量，不停地练，于是我就见证了他一点点变得壮起来，这也看得出他是个非常有毅力的人。"而且，林书豪还严格遵循请教营养师后开出的食谱，绝不越雷池一步——早餐：五个鸡蛋、少许鸡肉或者一个汉堡；上午训练结束后：喝特制的蛋白质混合饮料；午餐：沙拉、三明治或者鸡肉；晚餐：通心粉、鸡肉。此外，每天还要喝足 8 瓶水，吃足 8 份蔬菜！

碳酸饮料、快餐食品、中国美食，一概与林书豪绝缘，他深知黄种人不比那些黑人，很容易在体内囤积多余的脂肪，运动时的发挥自然也就受了影响。鱼和熊掌不可兼得，为了自己的篮球梦，他毅然放弃了自己的口舌之快。

来到大学后，林书豪又长高了 3 厘米，他的个人资料上身高一栏变成了"6 英尺 3 英寸（1.91 米）"；但最令人惊异的是体重一栏的变化：从 165 磅（75 公斤）暴涨到 200 磅（90 公斤）！整整增重 15 公斤，但速度、敏捷度、弹跳都没有丝毫减弱，可以想象林书豪为此付出了多少努力。而他在哈佛的春天，也如期而至。

天道酬勤，哈佛春天如期而至

2007 年 11 月 9 日，这无疑是让林书豪永生难忘的一天：二年级的他首次作为哈佛首发出战，而对手，恰恰是当年他日思夜想却不得门而入的斯坦福大学。

可想象中"弃将杀个回马枪"的剧本并没有上演，斯坦福的实力本就远胜哈佛，又是主场作战，岂容这个刚刚打上主力的小后卫逆天？最终结果是：斯坦福大学 11 人出战全部有得分，其中 5 人得分上双，狂砍 111 分。林书豪如今在尼克斯的队友兼密友兰德里·菲尔兹，得到全场最高的 9 个篮板和 5 次助攻。而哈佛这边，全队总共只得了 56 分，半场就输给对手 35 分，全场结束时整整输了 55 分！林书豪仅仅打了 21 分钟，就领到 5 次犯规被罚出场，得分、篮板、助攻几项数据全部为 0，6 次出手无一命中，只有 2 次抢断进账——恐怕，没有比这更惨的首发处子秀了。

"林书豪的抗压能力相当强，是绝对的大心脏球员，从中学到大学这个特性一直都没有变。无论面对的对手是谁，他都表现得异常冷静，"哈佛队友霍斯曼评价道，"不过，大二那场对斯坦福的比赛绝对是个例外。"显然，第一次打首发，面对曾经无视自己的球队，又在开场不到 9 分钟就被对手打了一个 28 比 7，林书豪完全乱了方寸，他根本找不到比赛的节奏。

这场比赛，林书豪的家人和朋友们特意来到现场观看他在 NCAA 的第一次首发，他们穿着印有"林书豪秀"（The Jeremy Lin Show）字样的 T 恤为他加油助威。但结果是，斯坦福大学的球迷无情地嘲笑了他们，尽管林书豪也是从这里走出的球员，曾经也是帕洛阿尔托的篮球骄傲。这，无疑又是对林书豪不小的刺激。

"林书豪看来还是不够实力打首发。""哈佛这次变阵有点冒险了。""阿梅克教练是不是该考虑更换下主力阵容？"在这样一场惨败后，外界出现这样那样的质疑不足为奇，而当时一些朋友更担心的是，林书豪在经历如此打击后，会不会一蹶不振？

但是，人们很快就见证了林书豪的坚韧之处。当时，哈佛大学正处于三天里连打三个客场的"背靠背靠背"魔鬼赛程，转天打加州大学圣巴巴拉分校，虽然哈佛仍以 61 比 79 不敌对手，但林书豪全场 11 投 6 中，扔进了 3 个三分球，15 分已经创造了自己在 NCAA 的单场得分新纪录。第三天对阵西北州大，哈佛 90 比 60 大胜对手 30 分，林书豪的 17 分再创新高，而且还有 3 个篮板、5 次助攻和 4 记抢断，全能表现几乎无可挑剔。而五天后当季第一个主场比赛，林书豪更是直接让哈佛球迷陷入疯狂：91 比 73 完胜默瑟大学一役，他独得 23 分、9 个篮板、9 次助攻，1.9 米出头的华裔球员差一点就打出了三双！

自此，林书豪的主力位置已经牢不可动，并迅速担当起了球队领袖的责任。尽管那个赛季哈佛仍然是胜少负多，整个赛季 30 场比赛只赢了 8 场，但林书豪的表现非常惊艳：场均 12.6 分、4.8 个篮板、3.6 次助攻、1.9 记抢断，凭借如此全面数据入选了常春藤联盟当季第二最佳阵容，并引起了全美国大学篮球界的关注。

"其实自始至终我真的没敢想过，书豪有一天能在 NCAA 或者职业联赛里有出色发挥，我的想法很简单，喜欢看他高高兴兴地打篮球。"作为父亲，林志明已经是喜出望外，"但我不得不说，我开始以他为荣，他成了我整个人生中最大的惊喜。我不止一次告诉他，我年轻时的那个遥不可及的梦想，已经变成了现实。"

可实际上，林书豪给亲人、朋友、哈佛乃至整个 NCAA 带来的惊喜，远不止此。

爆红NCAA绝非意外

大学二年级打了一个赛季主力的林书豪，仍然存在着明显的缺陷，最主要的就是进攻效率：投篮命中率 44.8% 还算说得过去，但 27.9% 的三分球显然低了些，尤其考虑到 NCAA 的三分线比国际篮球的三分线还要近。

罚球更是出了大问题：次数多了，命中率却从 NCAA 处子赛季的 81.8% 骤降到 62.1%！主场迎战康奈尔大学一役，林书豪终场前 42 秒投进的三分曾帮哈佛 71 比 66 领先 5 分，但却被对手连进三球最终 1 分惜败；令他耿耿于怀的是：三分球倒是 2 投 2 中，却错失了 2 次罚球。

"整整一个晚上，他就呆在球馆里，不停地投篮不停地投篮。"室友何凯成回忆道，"甚至后来很长一段时间，他都在队内训练结束后专门抽出时间练习投篮。"包括他的左手技术，他也会用大量时间来加强练习，让其不再成为自己前进道路上的绊脚石。

大三赛季，出现在公众眼中的，是一个几乎弥补了所有缺点的林书豪。17.8 分，5.5 个篮板，4.3 次助攻，2.4 次抢断，0.6 个盖帽，投篮命中率 50.2%，三分命中率 40.0%，罚球命中率 74.4%，几项主要技术统计都在整个常青藤联盟里排在前十行列。此外，他还有多次抢眼表现：单场 30 分，连续三场 20+，单场 27 分、8 个篮板、6 次抢断。

"27+8+6"那一战，就是林书豪名声传遍全美的一战。因为他击败的对手是波士顿学院队——当时他们高居 NCAA 实力榜第 17 位，而且在打哈佛前三天刚刚击败了公认头号强队、2009 年 NCAA 总冠军北卡大学，气势正盛。

"实话实说，2008-2009 赛季我们队的整体状态并没有太大进步，打波士顿学院之前，几乎没有人认为我们有机会战胜刚刚击败不可一世的北卡的他们。"霍斯曼说，"我还记得自己大一时打波士顿学院那场比赛的悲惨经历，整整输了 30 分啊……"

历史纪录显示，波士顿学院过去 16 次对阵哈佛大学，赢下了其中的 15 场比赛。可比赛开始后，波士顿主教练埃尔·斯金纳沮丧地看到，球员并没有把赛前自己的警告听进去，他们被哈佛、确切地说是被林书豪打傻了。

哈佛大学上半场 33 比 27 令人诧异地领先波士顿学院 6 分，下半场一开始，林书豪的抢断后快攻上篮，又给了对手重重一击；两分钟后，他的三分球让本队第一次将领先优势扩大到两位数，42 比 31，波士顿学院开始崩盘；比赛还剩 5 分钟时，哈佛已经 66 比 50 足足领先了 16 分；当林书豪在比赛结束前 1 分钟被罚下时，比赛结果早就已经没有悬念了。几乎不落空的投篮，神出鬼没的抢断，防不胜防的传球，"比赛完全落入了林书豪的节奏。"对方主帅斯金纳赛后哀叹道。

这时候，人们才会想起林书豪说的话："我们能在波士顿击败北卡后得到与他们交手的机会，我真高兴。"正如队友所言，他真的不惧怕这种大场面，"林如战神附体般一开场就冲垮了对方的阵线，简直无所不能，对手完全没办法限制他的表演。尽管我们平时总是说，篮球是五个人的运动，赢球要靠集体的力量。但不得不承认，击败波士顿的比赛，林绝对居功至伟。"

在这场比赛前，林书豪是哈佛大学最好的球员，是常青藤联盟的拔尖球员之一；但在这场比赛后，林书豪展现出了不输给 NCAA 顶级联盟顶级球员的实力，正如 NCAA 官方评价的那样：这是属于整个常青藤联盟的荣耀，他们的球员也能在大舞台上熠熠生辉。

2009-2010 赛季，怀揣着更大梦想的林书豪和哈佛男篮，赛季伊始就让世人大吃一惊。

揭幕战客场对阵圣十字学院队，哈佛 87 比 77 取得开门红。林书豪拿下 24 分、3 个篮板、7 次助攻，全场更是 13 次站上罚球线，命中 10 记罚球，两项数据都创造了 NCAA 生涯新高。但他真正给对手造成杀伤的还不止这些：下半场还剩 11 分 15 秒时，林书豪用一记双手大力暴扣，帮助本队 51 比 49 反超，圣十字学院一干球员甚至教练被这个华裔小子的激情表演震住了！终场前 4 分 19 秒，林书豪又是一记三分命中，哈佛领先对手多达 13 分，就此奠定胜局。

"我们每次想冒头，就会被他狠狠踩上一脚。"对手的无奈，无疑是对林书豪最大的表扬。

可谁又能想到，这只是一次更神奇表演的序曲呢？

两天后，回到主场的哈佛迎来了威廉姆玛丽学院，这是历史相当悠久的两所大学的较量——哈佛是全美成立最早的私立大学，威廉姆玛丽学院则是全美历史第二悠久的大学，4 名《独立宣言》签字人就是出自这里。

那个赛季，威廉姆玛丽学院男篮表现不错，总共取得了 22 胜 11 负的成绩，其中还包括一次 10 连胜。但他们最惨痛的失利，也是超长连胜前的那场败仗，正是拜林书豪所赐。

其实，林书豪在对威廉姆玛丽学院一役发挥并不算出色：13 次投篮仅仅命中 4 个，靠着 11 罚 9 中好不容易拿到了 19 分；送出了 9 次助攻，但也有多达 5 次失误。三分线外他 7 次出手也是 NCAA 生涯单场最高纪录，可只进了 2 球——但这次奇迹，正是用三分球创造的。

那是一场进程刺激得令人窒息的比赛。哈佛在下半场一度领先达到 13 分，但比赛还剩 5 分钟时威廉姆玛丽学院追到只落后 1 分。奥利弗·迈克纳利的三分球和林书豪的上篮让哈佛再度领先 6 分，但最后 4 分钟他们一分未得，林书豪连续错失了三次进攻机会，包括终场前 3 秒的一次远投；只能眼睁睁看着对方扳平比分，将比赛拖入加时。

而这，只是两队马拉松大战的序幕。

第一个加时赛，过程和常规时间如出一辙：哈佛两度领先，威廉姆玛丽紧追不放，最终两队各得 7 分，再度战成平手；林书豪整节只有一次出手——他在哨响前的跳投再度偏出，双方只能再打加时。第二个加时，居然是一模一样的戏份：哈佛曾经领先 5 分，但最终还是被对手追平，77 比 77，林书豪又是一投未中，一分未得！

到了第三个加时，这幕大戏的高潮、林书豪的神奇表演开始了。他先妙传队友上篮得分，帮助哈佛先声夺人。可威廉姆玛丽学院突然发威，连续扔进了两个三分球，瞬间反超了 4 分；林书豪又在三分线外造成对手犯规，他三罚全中将分差缩小到 1 分。随即队友迈克纳利又是两罚两中，哈佛在终场前 25 秒再度超出。但威廉姆玛丽首发控卫、当季场均只得 4.6 分的西恩·麦克迪成了奇兵，身高仅有 1.85 米的他居然带球直突禁区上篮得分，威廉姆玛丽学院再度反超 1 分！此时，距离第三个加时赛结束仅剩 3.6 秒钟了。

已经没有暂停可用的哈佛，没法布置最后一球的战术，而且只能从后场底线发球；球员们甚至来不及慢点发球，商量下最后一投应该执行什么战术，因为那会给对手留下从容布防的机会。队友下意识地将球传给了伸手要球的林书豪，后者则从本方后场底角处开始运球飞速推进！只用了两秒钟，他已经来到了半场，威廉姆玛丽大学一名球员以为他会尝试超远距离投篮，于是跳起封盖，结果和继续带球狂奔的对方撞在了一起，林书豪被撞了个趔趄。

但是，裁判并没有响哨——比赛最后时刻要让球员自己决定结果，这是篮球比赛不成文的规则，尤其在身体冲撞异常频繁的 NCAA，这种并非故意的身体接触裁判是不会判罚防守方犯规的，何况林书豪当时还算不上超级球星，根本享受不到明星哨。

好个林书豪，他毫不迟疑地又运了一下球，竭力调整着自己的身

体平衡，用一个极不标准的三步跑投，在比赛还剩 0.6 秒时扔出这场

比赛的第 7 个、也是最后一个三分球。而 3 秒钟前刚刚为威廉姆玛丽

投进关键反超球的麦克迪，已经趁着林书豪被撞速度减慢回防到位，

林书豪球尚未出手的瞬间两人也发生了激烈的身体接触，最终双双倒

地；但是，球还是被林书豪奋力掷向了篮筐……

比赛时间已经归零，在场的所有人，包括躺在地板上的林书豪和麦克迪，两队其他球员、教练组、工作人员，以及 1297 名到场观战的球迷，都屏息凝神盯着飞向篮筐的那颗篮球——球进了！

林书豪磕磕绊绊勉力投出的超远三分，居然稳稳地空心入网！整个球馆沸腾了！仅仅兴奋了三秒钟的威廉姆玛丽队，立刻被淹没在如潮的深红当中——那是属于哈佛大学的颜色。主队的球员和教练，一个个像疯子似的满场狂奔，拥抱着，跳跃着，欢呼着，和球迷一起庆祝着不可思议的胜利。而林书豪，无疑是全场最耀眼的明星。

　　"林书豪的压哨三分，为这场三加时大战画上了完美的句号；在那记制胜球投进前，故事显然按照是威廉姆玛丽学院绝处逢生书写的；可麦克迪的精彩突破，只是为了催生林书豪更神奇的进球。"美国媒体将这场比赛比作了剧情跌宕起伏的好莱坞电影，而林书豪，无疑是最佳男主角。尽管此后他用罚球绝杀了森林狼，用三分绝杀了猛龙，但2009-2010赛季对威廉姆玛丽学院的这记绝杀，无疑是最神奇的一个。

　　不过，谁又能保证林书豪以后不会投出更惊天动地的绝杀呢？

　　开季三连胜，前7战6胜1负，在林书豪的带领下，球队创造了25年来的最佳开局。但是，真正对这一优异战绩感到意外的人却不多，似乎大家都认为这是理所当然的：2008-2009赛季，哈佛大学已经将胜率从不到三成提升到了50%，如今更上一层楼又何足为奇？

　　不过，林书豪却没有摆出任何明星架子。虽然他已经是哈佛历史上最出名的篮球运动员了——2009年1月击败波士顿学院后，林书豪的照片已经登上了美国各大主流篮球媒体的头条，对于一名亚裔球员来说，已经是史无前例的荣耀。

　　2008-2009赛季结束后，不止一名NCAA篮球专家开始讨论这个黄皮肤球员，饶有兴趣地猜测他到底还能创造怎样的奇迹。而在2009-2010赛季开战前，林书豪更是被ESPN选为"全美国最全能的

12 名大学球员"，和俄亥俄州立大学的埃文·特纳（2010 年 NBA 榜眼秀），杜克大学的凯勒·辛格勒（2010 年 NCAA 冠军队成员，最终四强赛"最杰出球员"获得者）、乔治城大学的格雷格·门罗（2010年 NBA 首轮 7 号秀）等 NCAA 顶尖明星携手登上了 ESPN 网站头条。对于一个出身常青藤联盟的球员，这简直就是神迹。

可在队友眼里，林书豪和成名前没有丝毫变化。"作为一名篮球运动员，他的所作所为几乎无可挑剔，待人接物谦逊有礼，训练比赛努力刻苦。"霍斯曼说，"他的跳投虽然越来越准，但并没有变得习惯于自己飙分，发现队友处于空当位置时，他还是会及时送出一记妙传帮队友得分，令对手为该阻止他个人得分还是防他传球而伤透脑筋。"

那些专门跑来采访林书豪的记者也感叹，从没采访过这样的"明星人物"，回答问题认认真真，而且态度极其淡定，几乎没有任何情绪、表情、音调的变化，"只有把采访视频上传，并很快收获上万访问量，你才能确认，自己的的确确是采访了一个如今正当红的球员。"

而好友何凯成至今还记得那温馨的一幕幕：即便名气越来越大，赛季期间越来越忙，林书豪都会记得自己这个死党的生日，订场地，布置场景，准备礼物，给好友制造惊喜。平时，他和同学一起打电玩（某种程度上可以说是痴迷，DOTA、HALO 等游戏都是他的最爱）、唱歌、跳舞甚至搞怪。

他很幽默，也善于和朋友互动，但从不乱来。唯一比较奢侈的行为，就算是收集球鞋了。尽管在校队不愁没有球鞋穿，但林书豪却觉得那些款式太普通了，不够酷，所以常常自己掏钱买喜欢的款式穿。尽管有人对其行为不太理解，笑话这是个怪癖，但个人爱好毕竟无伤大雅，何况林书豪的家境还算富裕，允许他有这样的小爱好，反倒是几个原来对球鞋不太感冒的朋友，受其影响也开始喜欢上了漂亮的球鞋……

这样平易近人的明星谁不爱呢？只是，当林书豪一而再再而三上演不可思议的"真人秀"后，无论外界还是他本人，都不可避免地躁动起来。

独挑康涅狄格，震惊全美

美国当地时间 2009 年 12 月 6 日，林书豪和哈佛大学迎来了三年多来最强劲的一个敌人。

2006－2007 赛季到 2009－2010 赛季，林书豪在 NCAA 打球的这四年里，哈佛大学总共也只打过四支 NCAA 实力榜单榜上有名的强队：2007 年 11 月 9 日，对阵斯坦福大学；2009 年 1 月 7 日，对阵波士顿学院；12 月 6 日和 23 日，先后对阵康涅狄格大学和乔治城大学。而拥有天才控卫肯巴·沃克（2011 年 NCAA 最终四强赛"最杰出球员"获得者、同年 NBA 选秀首轮第 9 位被山猫选走）的康涅狄格大学，这支 2011 年勇夺 NCAA 总冠军的豪强，无疑是其中最不好惹的一个。

说起来，12 月 6 日这个日子，对林书豪来说的确算是个幸运日。一年前的这一天，哈佛大学客场 67 比 64

WIZARDS

	PTS	REB	AST	FG	FLS
BOOKER	14	5	0	78	1
WALL	23	0	4	56	2
EVANS	7	0	0	67	0
CRAWFORD	3	2	0	20	0
VESELY	2	1	0	100	3

2011年代表勇士最后一战

力克科尔盖特大学的这场比赛，他打出了当赛季最为全能的表现：12投 9 中独得全场最高的 26 分，还有 8 个篮板、6 次助攻、4 记抢断进账。最精彩的镜头出现在比赛下半场，此前最多落后 11 分的科尔盖特大学将好不容易将分差缩小到 3 分，但林书豪在 15 秒钟内居然连续两次从对手那里抢断得球，两次快攻反击上篮得分不说，还造成了对手犯规，接连打成"2+1"，个人就独得 6 分！加上 1 分钟前的上篮得分，林书豪单枪匹马打出了一个 8 比 2 的小高潮。他全场得到的 26 分，17分出现在关键的下半场！

"对手被林书豪像冲洗牙刷一样轻松搞定了。"（科尔盖特大学校名和某牙膏品牌相同）有媒体用这样戏谑的口吻称赞林书豪。但他们恐怕也没想到，一年后的同一天，这个哈佛华裔后卫在强大得多的对手面前，打出了一场伟大的比赛。

虽然哈佛大学当时取得了 7 胜 1 负的历史最佳开局战绩，但见惯了大场面的康涅狄格大学球迷，显然没把这个对手放在眼里。林书豪虽然被誉为"NCAA 最全能 12 人"之一，但康涅狄格大学当时拥有沃克和杰罗姆·戴森这对外线搭档——后者那个赛季 17.2 分、4.3 个篮板、4.2 次助攻、1.3 次抢断的数据并不比林书豪差——他们自信可以搞定林书豪。

比赛开始后，情况似乎和康涅狄格大学预想的一样，林书豪在开场 1 分钟突破后妙传队友基斯·怀特得分后，就再无亮眼表现。连续4 次投篮不中，一分钟内两次失误，第二次被戴森直接断走后直接快攻得分……上半场还剩 3 分 47 秒，林书豪才通过罚球得到本场比赛的第 1 分，而此前他已经罚丢一个了……康涅狄格大学则高歌猛进，一度将分差拉大到 16 分，胜利似乎唾手可得……

接下来，就是见证奇迹的时刻：

队友远投三分不中，林书豪冲到篮下抢到前场篮板，在对方双人防守下高抛投篮得分；从三分线外连续变向突破上篮得分，四名防守球员先后扑上来都没能挡住他；趁对方尚未布防妥当，三分线外一米多干拔远投得分！上半场最后两分钟，林书豪一个人连得 7 分，若不是戴森在哨响前跳投命中，康涅狄格大学的领先优势已经只剩 5 分了！

这依然没有引起主队的警惕，他们只不过将这一幕看作是哈佛的回光返照，看作是林书豪的垂死挣扎。康涅狄格的自负不是没有道理：林书豪下半场伊始又连拿 4 分，包括抢断沃克后的反击得分，两次都是突入禁区面对双人防守的高难度投篮。

此外，他还盖掉了被誉为韦德第二的戴森的跳投。但整整 7 分多钟时间里，哈佛其余球员总共也只用上篮得到 4 分，他们的 7 次中远投全部偏出靶心，还不时出现低级失误，看起来完全被强大的对手唬住了。而同一段时间里，康涅狄格从容地用近六成的命中率轰下 18分，沃克两罚两中后，其领先优势又变成了 16 分，比赛似乎已经失去悬念了。

长达 12 分钟的垃圾时间？林书豪可不答应。

只用了 55 秒钟，林书豪个人就连得 6 分，造犯规罚球，突破上篮，甚至还上演了一次扣篮！当然裹涅狄格大学绝非浪得虚名，此后近 10分钟时间里，他们加紧了对林书豪的盯防，让其几乎没有出手机会，只靠罚球得到 1 分，两队分差也始终维持在 10 分左右。终场前不到 2分钟时，主队以 71 比 62 领先 9 分，但他们依然做不到高枕无忧，因为林书豪又回来了——跳投命中！三分命中！比赛还剩 67 秒，哈佛只落后 5 分，这绝非一个不可能挽回的差距。

当然，林书豪主导的绝地大反击并没有一个完满的结果，康涅狄格大学最后时刻靠着稳健的罚球（6 罚 5 中）锁定胜局，但林书豪永不放弃的劲头令现场所有人动容：最后 19 秒他又得到 6 分，每次追身快攻都能打中，不给对手一点喘息的机会……康涅狄格主帅卡尔洪是 NCAA 资历最老的教练之一，他执教已经 40 年，两次率队勇夺总冠军，培养出了雷·阿伦、理查德·汉密尔顿、本·戈登等多名全明星级别的后卫；但此役过后，见多识广的他对林书豪赞不绝口："我见证过许多强队与我们的对决，我认为林书豪有能力为其中任何一支球队效力。他在场上展现出了难以置信的冷静，非常清楚自己应该做些什么。"

那个赛季，康涅狄格最终止步于 NCAA64 强赛第二轮，但他们的实力不容小觑：参加了对哈佛的这场比赛的 10 名球员，其中 5 人一年后出现在了 NCAA 总决赛的赛场上，沃克和阿莱克斯·奥里亚奇还是夺冠的重要功臣。可在这个晚上，他们的风头都被林书豪抢走了。他们日后征服了整个 NCAA，但却没能让这位华裔后卫低头。

这场震惊全美的比赛，有 9194 名观众在现场见证了林书豪独挑康涅狄格大学的全过程。遗憾的是，在那个星期日的下午，林家父母并没有到现场；但是，当林书豪一条龙快攻暴扣，面对多人防守突破上篮时，父亲林志明正坐在电脑前，透过不大的屏幕，认认真真收看着儿子的比赛，看着精心教导的"弟子"，将自己珍藏的那些 NBA 传奇巨星带里的经典片断，"J 博士"的长途奔袭，魔术师的运球过人……一幕幕重现在 NCAA 的赛场上。

林志明曾经不止一次想象，自己的三个儿子中，能有一个像他那样痴迷篮球；这个梦想已经实现，甚至可以说是提前实现。但他也从没敢奢望，自己的儿子能成为 NCAA 炙手可热的红人。在他的记忆里，浮现出一个几乎被遗忘的场景，"训练时书豪做出的动作总是很标准，其他孩子会看着他，跟着他学，一遍遍重复模仿，而我常常坐在旁边看，盯着他们的训练。"

　　没想到，如今全美大学篮球界的目光，都投向了林书豪；可以肯定，有许多篮球少年，尤其是亚裔少年，在街球场上开始模仿林书豪的动作。

　　"现在看来，林书豪的确已经跻身于 NCAA 顶尖球员的行列。"哈佛大学主教练阿梅克显然很得意自己的慧眼识人，"他在球场上的稳定性甚至可以说是超一流的，那些此前没见过他打球的人，第一次看他的比赛都免不了大吃一惊，可我们从来不会。因为，你所看到的一切都只不过是他的正常发挥。"

　　没有人会说阿梅克在说大话，林书豪的数据真真实实地摆在眼前：2008-2009 赛季，林书豪的得分、篮板、助攻、抢断、盖帽、投篮命中率、罚球命中率、三分命中率，在常青藤联盟排行榜上全部高居前十名，如此表现在整个 NCAA 独此一家；而在恶战强敌康涅狄格后，林书豪的得分、篮板、助攻、抢断、盖帽、投篮命中率依然能排进联盟前十！

　　人们开始相信，这位哈佛高材生并不仅仅是个"优秀的美籍华裔球员"，而是个真正的"优秀球员"。而这，也是林书豪一直追求的目标。正如 ESPN 所报道的那样："哈佛球衣＋亚洲面孔"会让林书豪在场上一干球员里异常扎眼，但他本人则更希望用表现而不是外观特征脱颖而出。

当然，总有些阴魂不散的种族歧视者时不时出现在林书豪的周围。对康涅狄格大学的比赛中，他上半场表现不佳时，这些丑恶面孔迫不可待地做起了跳梁小丑。当林书豪第一次走上罚球线时，他清楚地听到了一个学生冲着自己喊着："馄饨汤！"

"我已经受够这种歧视了，我只不过是想安安静静打篮球而已。"林书豪对此已经无奈了，"但是现在的我已经能够淡然看待这些冷嘲热讽了，如果能帮助其他亚裔孩子改善生存环境，那么我所经受的这一切都是值得的。"

他做到了，在那位康涅狄格球迷口出秽言后仅仅不到两个小时，几乎所有人都开始称赞他。林书豪已经成为亚裔篮球运动员的旗帜人物，1300万美籍亚裔人都为他而骄傲——尽管他本人其实并不喜欢被贴上这个标签。

为何成众队"眼中盯"？

不难想象，这样一场比赛之后，林书豪已经成了对手重点盯防的对象，甚至要不惜一切代价盯死他。

因为，康涅狄格大学已经吃了这方面的亏。当时他们的助理教练帕特里克·塞勒斯赛前曾经特别咨询过在哥伦比亚大学做助教的好友安德鲁·瑟奥卡斯，哈佛那个华裔后卫水平到底如何？他得到的回应是："这个孩子打球真的、真的很棒，千万别小瞧他，负责盯防他的人得时刻提高警惕，因为他很擅长突破到篮下，他绝对比你想象的更强大。"

于是对哈佛赛前，塞勒斯特别叮嘱队里最好的外线防守者戴森："我可告诉你，那个家伙（林书豪）可不是白给的。"但戴森和队友们显然没把教练的叮嘱当回事儿，"直到林独得 30 分，又在我们的高中锋（身高达到 2.13 米的查尔斯·奥克万度）头上两次暴扣成功，我们的球员才回过味来。虽然最终有惊无险赢下比赛，但过程实在是太艰辛了。

林书豪非常擅长利用挡拆突破，杀入禁区，而且他的变速也很厉害。当你能熟练运用变速时，就可以快人一步。"当看到加盟尼克斯的林书豪起先只能在垃圾时机出场时，塞勒斯常常感慨这么做实在暴殄天物，应该多给他更多机会；这个年轻人上半场梦游下半场发威险些击败康涅狄格的经历，实在给塞勒斯留下的印象太深了，他绝对属于抓住机会就一发而不可收拾那种类型的球员。

试想，康涅狄格大学这样的豪强一时大意，都险些着了林书豪的道儿，其他对手又有什么资格小看他？

不过林书豪的疯狂爆发，并没有就此收尾——

对康涅狄格大学三天后，哈佛又一次迎来了波士顿学院。11 个月前，客场作战的他们在这块场地曾经上演以弱克强的经典一幕，这次，哈佛和林书豪又让对手耻辱地签了城下之盟。74 比 67，哈佛有惊无险取得了对波士顿学院的两连胜，林书豪独得 25 分、3 个篮板和 4 次助攻，本赛季第二次单场命中 10 次罚球。也正是因为他最后时刻的 6 罚 5 中，波士顿学院的疯狂反扑最后才无疾而终。

2011 年首轮第 24 位新秀雷吉·杰克逊，一年前，他还是波士顿学院的替补球员，眼看着队友主力后卫、球队头号得分手泰瑞斯·莱斯被林书豪完爆；如今，杰克逊成了首发球员，而且是外线第一得分手，但全场 16 次投篮只进了 5 个，在和林书豪的对决中尽落下风。

　　半个月后，哈佛客场再碰强敌，当时的 15 号种子乔治城大学队。林书豪的表现略有回落："仅仅"得到 15 分、4 个篮板、4 次助攻、3 次抢断。乔治城后卫克里斯·怀特轰下 NCAA 生涯最高的 34 分，还有 6 个篮板、4 次助攻和 6 记抢断；另一位后卫奥斯汀·弗里曼也得到 21 分，再加上明星内线格雷格·门罗的 16 分、16 个篮板、5 次盖帽，乔治城大学 86 比 70 主场奏凯。

　　不过，林书豪前 6 次投篮全部命中的表现，还是把对手吓出了一身冷汗，距离三分线足足 2 米开外的超远投篮，抢断快攻暴扣，突破后空中假动作躲开 2.11 米且弹跳惊人的门罗封盖挑篮打板……似乎他可以用任何方式得分。

　　"我观察林书豪有一年多了，他给我留下了非常深刻的印象，各方面的表现都很不错。"ESPN 资深大学篮球专家查德·福特说，"如果他为斯坦福大学效力的话，我想他已经是拥有首轮秀前景的球员了。"有意思的是，同样是这位福特，在半年后又撰文认为：通过对林书豪的观察，其加盟 NBA 球队几无可能——显然，他走眼了。

　　那么，林书豪本人是否已经做好打职业篮球的准备了呢？

"职业篮球是我要追求的目标"

　　哈佛高材生打职业篮球？这个问题，不少人已经帮林书豪给出了答案。

　　哈佛主帅阿梅克公开宣称：林书豪大学毕业后打职业联赛没问题。作为球员和助教分别帮杜克夺得两次 NCAA 总冠军，执教生涯教出过 5 位 NBA 弟子的他，甚至愿为此赌上自己的名誉。

　　也有人会以事实为证：2009 年 1 月风雪夜击败波士顿学院时，被林书豪打得找不着北的泰瑞斯·莱斯，当时为了防住他的突破，不得不远离他 1 米远，否则眨眼就会被甩在身后……莱斯已经登陆了希腊联赛，林书豪为什么不可以打职业篮球？

　　类似这样的言论还有很多，但最重要的是，林书豪也开始认真考虑，要将篮球作为自己的职业，"我爱篮球，我对篮球比赛有着无比强烈的感情，成为职业球员就是我现在所追求的目标。"

　　大四赛季前的暑假，林书豪特别参加了圣弗朗西斯科 Pro-Am 联赛，并开始有意主打控卫。在哈佛大学，林书豪是头号得分手，势必要承担起许多进攻重任，但他很清楚如果日后打职业联赛，自己恐怕更多要出任组织者的角色。

　　"我主要练习的是自己的运球和传球，另外，好的组织者可以更自如利用队友掩护，破解对手包夹，对得分也大有好处。"

　　林书豪也知道，哈佛大学队从来不是 NBA 球探考察的目标，如果想触及最高的梦想，他必须带领球队取得无比优异的成绩才行，单单一个"ESPN 全美最全能球员之一"是无法打动球探的。

"最重要的是球队要赢球，如果不赢球个人荣誉也就没那么重要了。老是输球，单个球员的好名声没有任何意义。"

作为球队的双队长之一，林书豪在 NCAA 的最后一个赛季有许多心愿要完成：帮助 7 名新球员迅速融入球队；找上赛季痛宰自己的威廉姆玛丽学院复仇；继大三赛季 1 分险胜常春藤联盟冠军康奈尔大学后，再击败这个最强敌人一次；好不容易结束对宿敌耶鲁大学的五连败，他不想再输给对手；争取多和强队交手；兼顾篮球赛季和学业，尽量如期毕业……另外，他还希望能帮哈佛挂起一面常春藤联盟的冠军旗。

在林书豪看来，如果这些都能实现，他距离 NBA 也就无限接近了。而事实上，他也完成了几乎全部目标，除了 50 比 86 惨败给康奈尔大学，被对方终结四年来最长的 7 连胜，最终 21 胜 8 负的成绩也再度无缘联盟冠军（2011 年，哈佛在主教练阿梅克率领下 54 年来首次夺得常春藤联盟冠军，林书豪遗憾地与这份荣耀擦肩而过）。

2009—2010 赛季，林书豪在哈佛最后的演出，他场均拿到 16.4 分、4.4 个篮板、4.5 次助攻、2.4 记抢断，盖帽也有 1.1 次，投篮命中率更上一层楼达到 51.9%。连续第二年入选常春藤联盟第一阵容，已经是板上钉钉的事情；被列入"鲍勃·库西奖"——只有整个NCAA 最好的后卫才能拿到鲍勃·库西奖——11 位候选人之一，甚至在球迷票选中名列前茅，林书豪的实力和人气已经得到了全美的认可。

四年来，林书豪总计为哈佛大学出战 115 场，共计得到 1483 分、487 个篮板、406 次助攻和 225 次抢断。在常春藤联盟的历史上，没有任何球员拿到过如此全面的数据。"常春藤第一人"的称号，他当之无愧。

但是，林书豪的NBA之路，并没有因此变得更宽敞明亮起来。

——"他还是那个林书豪"——

当地时间 2012 年 3 月 2 日，哈佛大学男篮加时赛 77∶70 力克哥伦比亚大学男篮的比赛，全场球迷却将震耳欲聋的"MVP"呼喊声送给了一位场边观众——

没错，他就是林书豪！作为哈佛大学历史上最伟大的篮球运动员，他在客场对波士顿凯尔特人之前，抽空回到母校看球，也看看曾经一起战斗过的教练和队友。

赛后他还特别去了哈佛的更衣室，和主帅阿梅克拥抱，告诉队友"下场比赛要全力以赴赢球"、"我一直关注你们的比赛呢"。

曾经和林书豪做过两年队友的基斯·怀特至今仍记得前队友刻苦训练的场景："我也见过一些 NBA 球星的训练，但林书豪的勤奋绝对令人不敢相信。在他成名之前，我和队友就一直说，他只需要一个机会。只要有机会，他绝对会闪耀全场。"

很难想象，这样一位当红球星，依然和前队友们保持着短信联系，开解指点这些小兄弟。"他还是那个林书豪，和以前没变，这是个无比真正的人，现在这种人真的不多了。"

由于哈佛大学很多比赛都在周五和周六进行，所以他们错过了不少尼克斯队的比赛，为了看大战湖人那场，球员甚至央求教练将大巴靠边停车，以便能看到比赛结果。

他们都为自己曾经和林书豪并肩作战而自豪，"现在的他，和哈佛其他著名校友一样，都是我们的骄傲。"

3

选秀的落寞：在这里，哈佛啥都不是

小将初露NBA，略显锋芒

2010 年 3 月，落选 NCAA65 强，没能赢得参加"疯狂三月"淘汰赛机会的哈佛大学队，应邀参加了 CIT 邀请赛。不过，他们第一轮就完败于阿帕拉契亚州大，林书豪出场 33 分钟，10 投 4 中得到 12 分、7 个篮板、5 次助攻，抢断、盖帽各 1 记——他的四年

NCAA 生涯，就这样谢幕了。取得历史最佳的单季 21 胜，却依然无法更进一步，是不是不服气？

"我当然希望我们能打进 65 强，但 CIT 第一轮就被淘汰，说明这样的结果还是反映了我们的实力。"事后林书豪坦言，自己和哈佛的实力还不够，他只是有点惋叹。没赶上 NCAA 的扩军计划，这样就没机会和顶尖球队再打比赛了……

胜者为王败者寇，哪怕你在此前整个赛季都风头出尽，但没进入"疯狂三月"，也免不了会被人淡忘——尤其是那些 NBA 球探。他们都全心全意关注那些在一场定生死的淘汰赛中有高水平发挥的球员呢。

因此，你常常会看到一些 NCAA 球员在 NBA 选秀预测排名榜上的名次"疯狂"攀升或滑落，那全是拜"疯狂三月"所赐。而像林书豪这样与之无缘的"非篮球名校出品"的球员，只好祈祷不要被人家彻底抛在脑后就好。

而当离开 NCAA，投入到抢滩 NBA 的试训大军中时，"哈佛大学毕业"不再是帮林书豪吸引眼球的标签，某种程度反而拖了后腿。

道理很简单。每年 NBA 选秀大会，总共也不过有 60 名球员会被念到自己的名字，带上印有 NBA 队徽的帽子；再看看 NCAA 大学篮球队排名榜，整整 300 多所学校！

何况，这也不是简单的 5:1 或者 6:1 的竞争关系，比如 2010 年，名校肯塔基大学一家就有 5 名球员被 NBA 球队挑中！其他球队的球员入选几率自然又小了。哈佛大学即便战绩突飞猛进，但这一点在排行榜上并没有得到体现：他们仍然仅列在 105 位。这样的球队排位，又隶属常青藤这样实力偏弱的联盟，即便是队里的头号巨星，也难免会被人加上数据有水分的初印象。

想打消外界的质疑，林书豪需要充分利用难得的机会展现自己的实力，例如在第 58 届朴茨茅斯邀请赛上。这个历史悠久的赛事，本质上其实就是专门为 NCAA 大四球员而设立的训练营。如果你认定自己肯定能在选秀大会金榜题名，那大可不必多此一举。但许多想打 NBA 而选秀前景不明朗的球员，会选择接受邀请，多个舞台多条路嘛。

对于林书豪的选秀前景，当时外界的观点普遍认为：最多也就是在第二轮末段被选中，如果落选也不足为奇，他很需要这个展现自己的舞台。

按照朴茨茅斯邀请赛的规则，64 名参赛球员被分为 8 支球队，在 4 月 7 日到 11 日 4 天时间里打 12 场比赛。在林书豪所在球队里，拥有 2009-2010 赛季 NCAA 得分王奥布雷·科尔曼，对于有意主打组织后卫的林书豪而言，这无疑是个好消息。

"朴茨茅斯邀请赛的经历对我来说真的非常宝贵。因为我能够安心打控卫，组织梳理全队的攻防；另外，在哈佛打球时很少有球探到现场看我打球，我们的比赛也基本不可能有电视转播，而朴茨茅斯邀请赛无疑给我提供了更多机会来展示自己的本领。"

只闻其名未见其实，无疑是个令林书豪郁闷的问题。和那些一踏入大学校门就被追踪观察的名门天才相比，哈佛场边出现的球探实在是太少了。室友何凯成回忆道，直到打到 NCAA 最后一个赛季，才有 NBA 球探特别跑来看林书豪打球，这甚至让一贯冷静的他都有些情绪失控了——这样在情理之中，谁不想在球探面前有抢眼发挥，为自己赢得一份漂亮的球探报告呢？

"发现球探的身影后，他迷失过一段时间，当时他很想在球场上好好表现下，多得点分。于是就没有像往常一样多用传球带动球队进攻，这样比赛自然很难打。"何凯成回忆道，"不过后来他仔细冷静了一下，意识到这样的打法并不是自己真正的比赛方式，于是他又转变了回来，重新变回了一个无私的林书豪。"

当外界对林书豪连续两个赛季打出的不可思议的华丽数据而津津乐道时，当事者本人反倒没太把这当回事。"如果球队能赢球，哪怕一分没得一次助攻没有，他也不在乎；如果球队需要他站出来得分助攻才能赢球，30分50分他都会努力。"何凯成如是说。

于是在朴茨茅斯邀请赛，当得到一批实力比哈佛队友更强的临时队友后，安心打控卫的林书豪并没有刻意去刷数据。首秀他替补出场25分钟，9投4中得到8分、6次助攻。整个赛事下来场均打26.3分钟，10.3分、6.3次助攻不显山不露水。他的选秀前路依然是迷雾一片。

伯乐相中先跑的"马"

自此，林书豪的学生球员时代彻底结束了。再次出现在公众面前的，是准职业球员林书豪——他聘请了罗杰·蒙哥马利作为自己的经纪人，准备向NBA正式发起冲击。

在经纪人圈子里，蒙哥马利属于籍籍无名之辈。他不为大经纪公司打工，而是自己开了一家蒙哥马利运动集团公司。最新的NBA经纪人排行榜（以所代理球员当赛季年薪总和高低排座次）上，蒙哥马

2012年林书豪作为特别替补进入新秀挑战赛

利仅仅名列第 83 位，旗下一共只有两名球员，除了林书豪还有老将莫里斯·埃文斯，他们 2011-2012 赛季年薪总和还不到 200 万美元。

即便把上赛季还在 NBA 效力，因为停摆转投欧洲联赛的索尼·威姆斯也算上，蒙哥马利也铁定排不进前 50。在 NBA 这个世界里，经纪人越大牌，他旗下的球员越能得到更多额外机会。当时并不是没有其他经纪人垂青林书豪，但他为什么要选择名不见经传的蒙哥马利呢？

在蒙哥马利看来，自己是凭着真诚的态度打动对方的。在林书豪还不那么为人所知时，收到线报的他就特地跑到哈佛去看比赛，并坚信这名华裔球员有实力登陆 NBA，早一步相识的两人，感情自然比其他经纪人更进一步。"做林书豪的经纪人，竞争也是相当激烈的。"蒙哥马利笑言。而最终也如其所愿，林书豪还是选择做熟不做生，投到了蒙哥马利旗下。

Jeremy Shu

朴茨茅斯邀请赛结束后，在经纪人的安排下，林书豪参加了在"赌城"拉斯维加斯举办的选秀训练营，接受著名训练师乔·阿布纳萨的特别培训——加内特、比卢普斯、丹尼·格兰杰、鲁迪·盖伊都是阿布纳萨的客户，闻名而来的这 20 多位新秀，当然都想复制前辈们的成功。

不过在一干年轻人里，林书豪的言行仍显露出来与众不同之处。这些刚刚离开校园踏上社会的球员，如同离开笼子的鸟儿，难免会有放纵一把的心理。而经纪人为了安抚他们的情绪，往往也会满足其要求。但林书豪不同，当蒙哥马利按照"潜规则"给他安排了一个豪华的房间时，却出乎意料地被他婉拒了。

事后，林母这样对经纪人解释："别宠坏了他，我们平常的日子是怎么过的，希望他以后也怎么过日子，何况他不是个爱乱花钱的孩子。尤其，他以后如果还想做牧师，就应该坚持过着简朴的生活。"同时她也提醒自己的儿子："人难免犯错，而骄傲是最大的绊脚石，人一旦骄傲了，觉得自己什么都好就糟了。希望你保持谦卑的态度，将来的人生道路才好走。"作为经纪人，给这样的球员打点事务，真是太走运了。这也可能是蒙哥马利始终对林书豪另眼相待的原因之一。

但是，生活中的谨言慎行并不能为球场上的表现加分，面对一群如狼似虎的对手，林书豪发挥平平无奇。而弹跳、灵敏度、冲刺等综合体测数据，黄种人本就比不过黑人。现场观摩训练营的ESPN大学篮球专家查德·福特撰写的一篇球探报告，俨然提前宣判了志在NBA的林书豪"死刑"。

"上个NCAA赛季期间，时不时会传来'林书豪剑指NBA'的呼声。林书豪在哈佛创造了一个堪称伟大的球员生涯，而且在面对一些强敌时屡有精彩发挥。平心而论，我也非常希望看到林书豪迈进NBA

How Lin

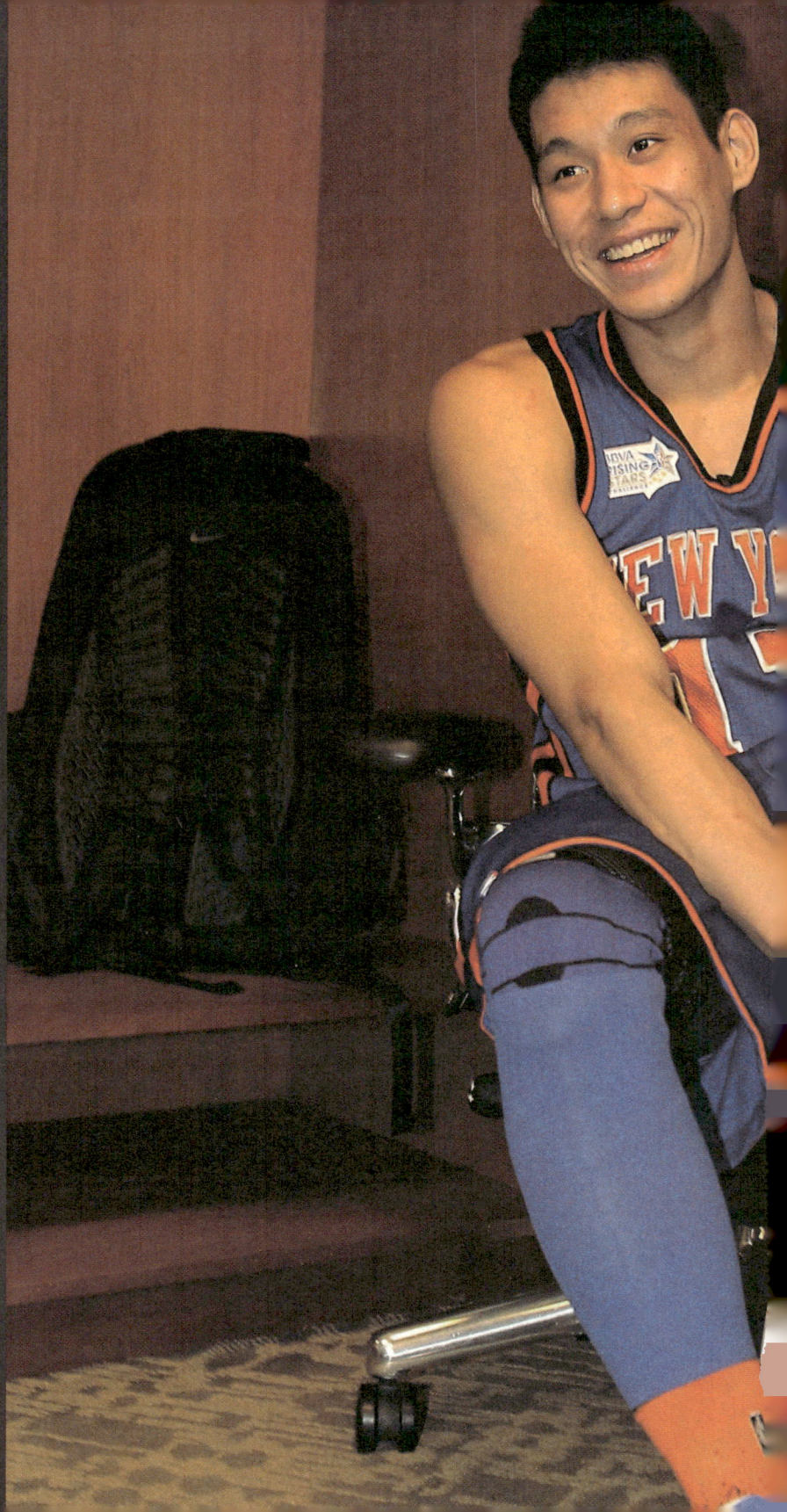

Jeremy Shu-
How Lin

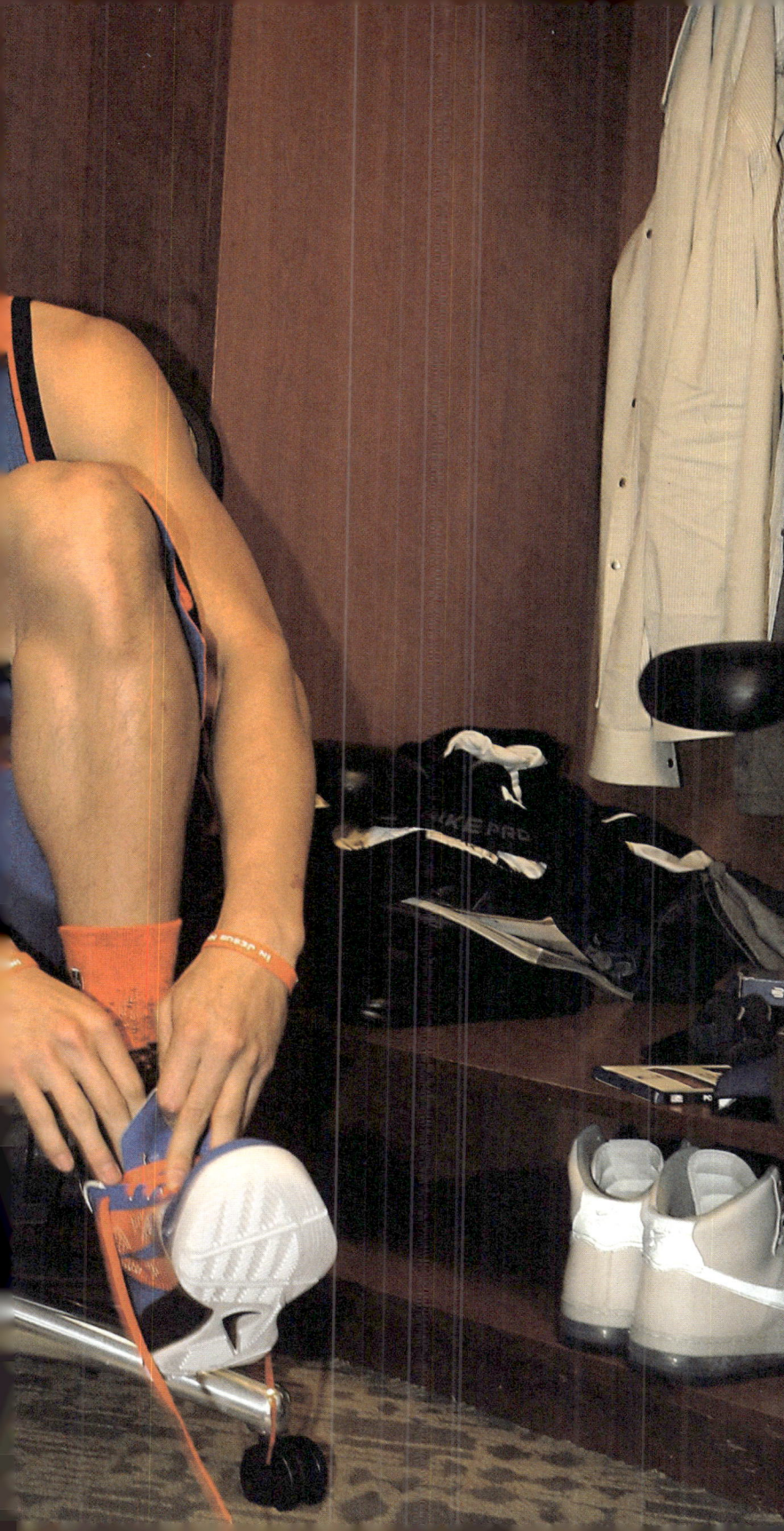

2012年已有专属球鞋

的那一幕，他是个很有趣的年轻人，而且另辟蹊径走出来一条此前几乎没有人走过的篮球道路，不得不说哈佛的毕业生进联邦最高法院当法官都比进NBA打球更容易。但在观察了他的两天训练表现，包括个人练习和三打三对抗赛，我并不认为他已经做好了在NBA打拼的足够准备。

他是个非常出色的篮球手，但身体条件根本无法和一同训练的其他年轻人相比。个人意见，转战海外联赛对林来说可能是更容易取得职业生涯的成功。我不认为能在下赛季的NBA赛场上见到他，至少现阶段谈这个目标言之尚早。"

现在，你大可笑话这位专家有眼不识金镶玉；但2年前，持有同样观点的人绝对不在少数。否则，林书豪在试训阶段又怎会举步维艰……

"超级面霸"的艰难试训之路

当然，福特的一家之言不能代表所有NBA球队的意见。随后传来的一些消息称，还是有球队在考虑用二轮靠后的选秀权摘下林书豪的。不管是真正出于竞技原因还是有市场开发考虑，这毕竟是个好消息，而先后在拉斯维加斯和圣安东尼奥进行特训的林书豪，随即过上了"超级面霸"的生活。

参加选秀前一个多月的日子，林书豪几乎为所有邀请自己NBA球队试训。从豪强球队湖人、小牛，到青年军雷霆，再到没落贵族尼

2012 年 林

克斯，甚至远在加拿大多伦多的猛龙队举办的训练营，他都没有错过。

在试训时，林书豪都是打控卫，这是他对自己在 NBA 的定位，"我知道对位的对手有许多都是飞毛腿，但他们一般都会比我矮。"当有人问他是否想成为一名双能卫，林书豪摇了摇头："我是个控卫，我觉得我的球风更像戈兰·德拉季奇，我们俩都喜欢用冲击篮筐的方式得分。可能是在哈佛打球时我常出现在二号位，所以人们都觉得我是个双能卫。但确切地说我是个攻击型控卫，就像德拉季奇在太阳队所表现出的那样。"——有意思的是，自称翻版德拉季奇的林书豪，一年后居然在火箭和前者做了半个月的队友。

但是，NBA 的控卫可不是那么容易当的，即便是这些还没进入联盟的准 NBA 控卫，已经够让林书豪头疼了。他需要提升自己的防守水平，因为新对手的速度比常青藤联盟那些后卫快得多；他需要让自己的控球更娴熟，否则一不留神就会被防守者"妙手空空"；他需要学习 NBA 比赛里常用的一些战术，还得把自己的三分射程拉得更远一些，因为 NBA 三分线比 NCAA 三分线远了将近 1 米……

几次试训下来，林书豪的优点和劣势渐渐暴露在更多人眼前。尽管他希望"让三分成为自己的武器"，但罗马显然不是一天能建成的，其中远投稳定性仍有欠缺。尽管身高占便宜，但面对速度快的小个子，往往会被对手晃丢了重心而失去最佳防守位置。不过，林书豪自己的突破也很犀利，身体接触时也基本不吃亏，而且行进间给队友传球的功夫颇受肯定。

而林书豪自己的看法是，常青藤联盟走出的球员，最大的优势是头脑。"我们那儿球商普遍都很高，防守时你的脚步动作绝对不能出

2012年PK科比

错，否则就会被抓住，还得时刻注意对手的底线空切及双掩护战术。常青藤的比赛节奏都偏慢，你得耐着性子和对手磨阵地攻防。对我自己而言，无论打快攻还是阵地战我都能应付。"

选秀大会前，林书豪总共参加了8支球队的试训。那么，他自认哪次试训给对方留下了最佳印象呢？

"我觉得都还成，不过在尼克斯队的那次试训是最好的。"——又是尼克斯队！

只是，当事人的自我感觉似乎并不怎么准。当时的尼克斯对林书豪没有半点兴趣。选秀前看起来更适合哈佛高材生的，是刚刚成功卫冕的两连冠得主、NBA历史上最伟大的球队之一的洛杉矶湖人队。另外，就是林书豪的家乡球队金州勇士队。

"菜鸟"被湖人放了鸽子

位于加利福尼亚州的两支NBA球队有意林书豪？对于旧金山长大的他实在是一个意外之喜。

"选秀前那些和我们有过接触的NBA球队里，湖人对书豪的兴趣最大，所以我们当时都以为，湖人会用第58号签选中他。"林书豪的母亲回忆道。

湖人的控卫实力薄弱是公认的事实，选一个新秀控卫是个合理的推测。而勇士考虑林书豪则更多出于推广角度，本地球员，又是华裔，必将能为球队带来更多的华裔球迷。

但是，越临近NBA选秀大会，林家就越感到了进入NBA的不易。"进NBA的门槛确实很高，就像以前台湾的大学联考一样。"林父感慨道，"那真是进大学比读大学还要难！"

那段时间，林家也开始对当初选择蒙哥马利作为林书豪的经纪人这个决定产生了怀疑。从试训的情况分析，林书豪挤进首轮显然是完全不可能的了，而 NBA 球队选择二轮秀时，由于规则允许他们可以不和新秀签署有保障的合同，且剩余球员之间的实力差距并不明显，衡量目标所考虑的因素就多了。

有的球队会选择海外球员、大个子内线或者低龄球员，搏一搏对方的潜力。有的球队会选择来自本地大学或者家在本地的球员，增加一些额外人气。有的球队甚至会选择队内核心球员的经纪人所代理的球员，或者是那些巨鳄级别经纪人代理的球员，这就是所谓的"人情签"。

这方面，林书豪就毫无优势可言了。蒙哥马利在 NBA 圈内的影响力，几乎可以忽略不计。甚至有人开玩笑说，他代理的莫里斯·埃文斯更有影响力一些，人家好歹是球员工会副主席啊。林父透露，当初挑经纪公司也曾考虑过签到"大户人家"，毕竟活生生的例子摆在眼前，经纪公司影响力大的确能对球员参选有帮助。

但问题是，大的经纪公司代理的球员也多，不可能每个人都照顾得当，像林书豪这样级别的，恐怕是最后才会被考虑到的，甚至被当做牺牲品也说不定。小的经纪公司虽然影响力有限，但可以全心全意为林书豪的利益着想。两面都是有利有弊，谁又能预料到未来是占便宜还是吃亏呢？

一直到 2010 年选秀大会完全结束前，林家上下及经纪人蒙哥马利，对林书豪被选上还是很有信心的。湖人的 58 号签是个机会，另外如果勇士能换来一个二轮签，选中的机会也不小。

如果真的当选，林书豪将成为 15 年来首位出自常青藤联盟、有选秀顺位的 NBA 菜鸟——1995 年选秀大会，来自宾夕法尼亚大学队的得分后卫杰罗姆·阿伦（现在已经是宾夕法尼亚大学的主教练）在第二轮总第 49 位被森林狼选中，此后再无后来人有此荣耀。而上一个出现在 NBA 赛场上的常青藤联盟出品球员，还是耶鲁大学毕业的克里斯·杜德利，一位在 NBA 混迹了 16 年的蓝领中锋……

不过，期待中的幸福时光，始终没有降临。勇士在选秀大会期间并没有出手搞定任何二轮选秀权，只有首轮 6 号秀一个签在手的他们，当然不可能签下林书豪；而湖人倒是始终保留着 58 号签，但最终他们却出乎意料地选择了一名内线新秀——来自德克萨斯大学阿尔帕索分校的德里克·卡拉克特。是的，现在你已经在 NBA 看不到他了，因为湖人在本赛季把一年多来碌碌无为的他裁掉了。

"到了（湖人）那个顺位，我们还是没听到书豪的名字。当时我们真不知道该对他说些什么。"林书豪的母亲如是说。父亲在随后接受记者采访时也表示很失望："但经过这次 NBA 选秀，还是感觉到亚裔球员想要证明自己，只有努力再努力，球技精益求精，有些先天身体条件的差距，还是无法控制的。但是书豪个性很积极、乐观，选秀落榜不会打击他挑战 NBA 的愿望。"

真的是这样吗？至少那个晚上，林书豪是被伤到了。这对他来说无疑是篮球生涯中最沉重的打击，甚至一瞬间有全部努力付诸东流的念头。情绪低落的他，只好把满腹的郁闷都发泄到失误上，落选夜，他不停地吃着以前很少染指的辣鸡翅，这时哪顾得上考虑什么健康饮食。

"我当时就一个想法，只有这么做才能让自己感觉好过些。"事后，林书豪果然为自己的暴食行为懊悔不已，"后来，我的心情倒是平静了下来，可也感觉到肚子疼了起来。"

眼见一起参加朴茨茅斯邀请赛和拉斯维加斯训练营的几名球员都在第二轮顺利入选——德肖恩·巴特勒被拥有詹姆斯、韦德、波什三巨头的热火选中，德文·伊班克斯去了湖人，尤其幸运的是斯坦利·罗宾逊和德韦恩·科林斯，两人先后在第 59 顺位和第 60 顺位被魔术和太阳点将——林书豪真是又羡慕又嫉妒。

　　尽管他们同样要为得到一份有保障的合同而努力，但比起林书豪无疑要幸福得多，至少，他们暂时不用为替哪支球队打夏季联赛左右权衡，更不会理解名落孙山者的落寞心情，那是一种说不出的痛。

　　2010 年 6 月 24 日，尼克斯队的主场麦迪逊广场花园，无疑是林书豪最不愿回忆起的那时那地。但谁又能想得到，一年半后，这里会成为林书豪的地盘？

——"我看中了他聪明的头脑"——

如今，蒙哥马利的眼光再也不是同行嘲笑的对象了——最开始和林书豪联系时，可是有不少人反对他的决定，"林书豪的形象无疑是主要矛盾，因为在NBA你很少看到亚洲球员。而且哈佛大学的背景只会给他减分，篮球圈里哈佛什么都不是。"

但蒙哥马利是个不信邪的家伙，他只相信自己的眼睛，而不是别人的话。职业球员出身的他，曾经在海外联赛效力过几年，转作经纪人后，也早早就开始运作欧洲亚洲市场，对形形色色球员的辨析能力甚至超过不少大经纪人，而且更容易发现那些看似不起眼的球员的优点。

"从开始做经纪人起，我就代理了一些外籍球员，我的终极梦想是，做全世界范围内优秀球员们的经纪人。我自认能发现人所不能，人们说某某球员这里不好那里不好，但我更愿意告诉别人，他什么什么地方好。"

蒙哥马利说，林书豪最大的优点，就是有一个聪明的头脑。"赛场上他的每个决定几乎都是最佳选择，NBA球员也不是能够做到这点的。"因此，尽管还是有些竞争者，但蒙哥马利还是坚持将林书豪抢到了手。

当然，林家也认可他所表达出的诚意。工作认真，尊重客户，全心全意为客户争取最大利益，这正是蒙哥马利为人称道的地方；而如今，他的坚持果然收到了回报。

可以说，现在蒙哥马利是 NBA 最幸福的经纪人了，据估算，只要林书豪方面愿意，他可以在短时间内就从中国地区得到超过千万美元的代言收入；而他的续约合同，达到 NBA 中产条款也问题不大。

　　按照 NBA 的相关规定，经纪人最多可以得到球员工资合同的 4%作为佣金，至于帮球员达成的商业合同，经纪人可以从中提取 10%—15% 作为劳务费。这无疑是蒙哥马利经纪人生涯最大的一笔财富了。

4

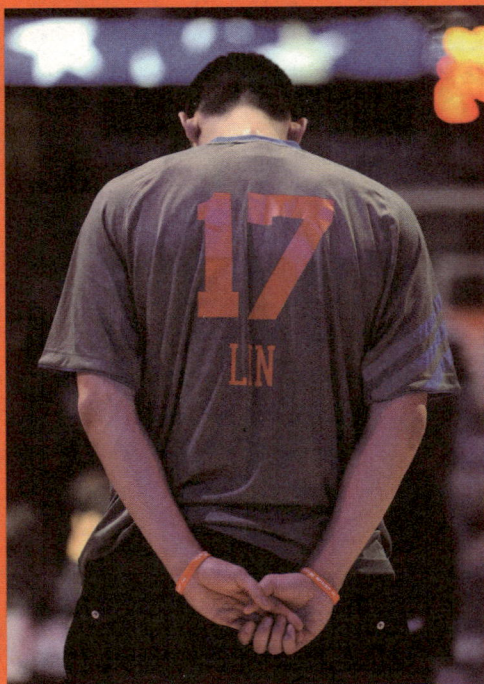

踩着状元秀往上爬

横下一条心，决心挤进NBA

林书豪心里很清楚，美籍亚裔的身份并不能保证自己在选秀大会上被选中成为NBA球员，他也不是为成为所谓的"亚裔之光"才继续篮球梦的。

"不管我的血统是怎样的，我要证明自己有技术，有能力打NBA，而且做好了足够准备。我不是为别人而打球的，如果我有那种想法，那无疑是给自己施加了太大压力。我之所以打篮球，是因为我在做自己喜欢做的事情。"

做职业球员、打 NBA，就是林书豪喜欢做的事情，哪怕选秀失利，他也不会就此放弃。不弃篮球梦想，不去海外联赛。参加 NBA 组织的夏季联赛，力争赢得 NBA 球队最后的青睐，这是林书豪落选后，全家上下迅速达成的共识。林书豪甚至表示，哪怕未来一年都只能在 NBA 发展联盟打球，也要为进军 NBA 做全力一搏。

说得容易做起来难，要知道发展联盟年薪最高的球员也不过拿几万美金，别说和平均年薪几百万的 NBA 球员比，甚至连在海外联赛淘金的那些"美援"都不如。但林书豪已经打定主意，不到最后时刻，决不放弃一丝挤进 NBA 大门的希望。

那么，代表哪支球队参加夏季联赛呢？毕竟这将是林书豪在 NBA 的第一个舞台，也得仔细斟酌才行。最开始，林家考虑的还是勇士队，毕竟此前有过接触，加上又是家乡球队，林父甚至公开承认："可能会代表勇士打夏季联赛。"但主动找上门来的，却是小牛队的主席唐尼·尼尔森。他在电话里说，球队决定给林书豪一次试训机会，代表小牛队出征拉斯维加斯。

这倒也不是件特别意外的事。小牛队和中国的渊源实在太深了：1999 年他们在选秀大会第二轮选了王治郅，并在两年后与其正式签约，成为是最早引进中国球员的 NBA 球队；前小牛助教德尔·哈里斯，后来成了中国男篮的主教练；唐尼·尼尔森本人甚至还当过中国男篮的助理教练……如今向一位华裔球员伸出橄榄枝，一点儿也不奇怪。

盛意难却，小牛队既然主动邀请，球队又是西部劲旅，林书豪实在没有理由拒绝。选秀大会结束两天后，小牛的老板库班证实：林书豪已经是参加夏季联赛的小牛队一员，参加 7 月 9 日起在拉斯维加斯举行的比赛。

虽然他的队友和对手多是当年被选中的新秀，以及像林书豪一样尚未签约的自由球员，已经进入主要轮换阵容的球员们基本不会参赛，但这毕竟也是 NBA 组织的赛事，林书豪距离自己的梦想又前进了一小步。

"他能赢得NBA合同"

2010 年 7 月 9 日，拉斯维加斯，揭幕战掘金 vs 小牛，林书豪穿着 7 号训练服，完成了自己在 NBA 夏季联赛的处子秀。

那场比赛，小牛 70：89 完败于对手，掘金主帅老卡尔的儿子科比·卡尔是表现最佳的球员。林书豪替补出场 18 分钟，8 投 5 中得到 12 分，另有 5 个篮板、2 次助攻、1 记抢断、1 次盖帽。五个进球全部是上篮，其中第一个球尤其精彩：先是晃过对位防守者直冲篮下，跳起后抗倒第一个协防球员，迎着第二个协防球员伸起的长臂高抛打板，球进还造成对手犯规。不过，5 个失误的数据也着实刺眼，更快的比赛节奏，更强壮的对手，林书豪显然还需要时间来适应。

"林书豪总的看起来还不错，尤其在辨识挡拆战术方面颇有一套。传球很棒，甚至可以用大开大合来形容。在对持球者的防守方面，做得出乎意料的好。我认为他有机会为自己赢得一份NBA合同。"赛后，达拉斯当地媒体对林书豪的平价相当高。

这也与其高中主教练迪彭在罗克的说法不谋而合："林书豪需要在全场比赛中才能展示出自己的才华，而选秀前的试训几乎不打全场比赛，他很难用出色发挥为自己加分。"林书豪事后也承认，打五对五的全场比赛自己才更有用武之地："试训时要么一打一，要么二打二或是三打三，那并非我所长，我从来不是那样打篮球的。"

好的开始是成功的一半，林书豪在夏季联赛首战表现可圈可点，关注他的人自然也就多了起来。第二场比赛开始前，小牛的官方网站记者甚至专门采访了他，俨然将其当做这支夏季联赛队的焦点人物。此役打火箭队他只得到 11 分钟的出场时间，得到 4 分、3 个篮板、1 次助攻，但玩命救回界外球，抢地板球，再度突破对方三人防守打成"2+1"，充分让人感受到这位华裔球员十足的拼劲。

第三战小牛队 1 分险胜雄鹿队，林书豪出场 17 分钟，再度得到 8 分、2 个篮板、3 次助攻、2 己抢断的全面数据。第二节，林书豪从对方手里直接断球快攻，追回来的防守者情急之下，在空中将他生生撞得斜飞了出去，可他早有准备，就是将球交到左手，翻身背对篮筐挑篮得分，又是个漂亮的"打三分"到手！"漂亮的一对一防守，行进间敏锐的观察力，绝对合理的技术运用，这个进球真的无可挑剔！"现场解说对林书豪的表现赞不绝口。

但，这些只不过是垫场小曲，真正的大戏还没有上演呢。

当地时间 7 月 15 日，小牛队迎来了夏季联赛的第四个对手——拥有 2010 年状元秀约翰·沃尔的奇才队。来自 NCAA 最著名篮球队之一肯塔基大学的控卫沃尔，被认为是未来必进全明星的天才人物，尽管只在 NCAA 打了一年，但他的名头比林书豪要响亮太多。事先根本没有人想到，状元秀和一个落选新秀会擦出什么火花。但当比赛刚开始不久，小牛另一名控卫法国人博布瓦意外受伤，不得不离场进行治疗，林书豪改变命运的机会不期而至。

恶斗戏耍状元秀，撞开NBA大门

"博布瓦的受伤，让我在（对奇才的比赛）第一节得到机会多打了段时间，这对我的帮助很大，因为我更适应比赛的节奏了。"林书豪事后也觉得，自己是因为队友的祸而得了福。

上场后不久，林书豪便利用队友的掩护突破上篮得分，但他的表现并没有引起对手的警觉，毕竟奇才队当时大比分领先着小牛队。第二节进行到中途的时候，刚刚运球到半场林书豪一记远距离击地传球，助攻队友上篮得分，将分差缩小到5分，现场球迷开始有点骚动了，这实在是个非常给力的妙传，奇才也立刻叫了暂停。不过，随后再度拉开比分的他们，似乎仍然没把林书豪放在心上，尤其是心高气傲的状元秀沃尔。

而到了下半场，林书豪的表演让奇才球员牢牢记住了这个黄皮肤黑眼睛的后卫。

Jeremy Shu

第三节，抢到后场篮板的林书豪单枪匹马带球快攻，沃尔从球场另一边快马杀到，看准作势要三步上篮的对手高高跳起，想给林书豪狠狠来记盖帽……可状元秀的如意算盘打空了，林书豪在空中巧妙地一转身，躲开沃尔的封盖，轻描淡写地将球分给了从后面跟上的队友，状元秀被耍了！

短短几十秒后，林书豪又让奇才诸将很没有面子：站在三分线外的他接到队友传球后，直接带球从防守失位的沃尔身边掠过，奇才身高达到 2.13 米、爆发力惊人的中锋麦基已经竭尽全力跳得最高去封盖他，但还是眼睁睁看着对方的高出手抛投从自己的指尖上飞了过去，落入篮筐。

第四节，林书豪的表演愈发令人惊愕：先是抢断对手传球，一条龙快攻单手暴扣得分；随即两次在一对一情况下漂亮地防住了沃尔，一次造成争球，一次令沃尔差点投出三不沾！转回头林书豪单挑沃尔，他假装要和队友打挡拆配合，趁沃尔防守分神突然加速，直接将状元秀甩在身后，最后空中假动作晃开补防的奇才内线上篮得分。这还不算完，林书豪此后还迎着沃尔的防守扔进了三分球，并两次用变向、转身等华丽的假动作晃开沃尔突破上篮，只可惜球没能投进……

"比赛进行到第四节时我们仍落后不少，我希望通过自己的表现

2010年夏季联赛单挑状元秀沃尔

94
Jeremy Shu-
How Lin

2010年 和姚明

把分数追回来，这种感觉好像回到了NCAA，就像我在代表哈佛大学而不是小牛打球，我感觉非常舒服，非常放松。"林书豪事后回忆道，"和之前打的几场比赛不一样，当时做什么事都非常自然。其他几场比赛，我老是在想'现在我正在接受球队考察呢，我得表现得好一点儿'。那种压力时刻存在，可在对奇才的那场比赛里，在第四节最后和沃尔对位时，我又找回来自我，完全是按照自己的节奏打球，所以才会有那么精彩的一场比赛。"

整场比赛，林书豪打了 27 分钟，12 投 6 中得到 13 分、4 个篮板、2 次助攻和 2 记抢断，其中 11 分来自第四节。沃尔虽然 21 分、10 次助攻看似更好，但出手多达 19 次，却只进了 4 个。更重要的是，他在一对一时被林书豪耍得着实不轻。

当时就坐在场边观看爱徒比赛的迪彭布罗克，将球迷的反应看得清清楚楚："现场几乎每个人脸上都带着这样的疑惑神情，'这到底是怎么回事，这家伙是哪儿突然冒出来的？'连我自己都有点不敢相信，他居然和状元秀不相上下，甚至表现得更好！"情绪激动的现场解说员，干脆赤裸裸地喊出了："约翰是谁？"（沃尔的名字 John Wall 被巧妙改成了 John Who）

NBA 官方网站记者阿特·加西亚也开玩笑地说："据内部人士透露，奇才上个月曾经为用状元签选沃尔还是选林书豪而斟酌了许久，最终林书豪才遗憾落选。"

尽管沃尔赛后愤愤不平地表示，林书豪不过更善于利用挡拆找到机会，在自己最舒服的投篮点得分；但群众的眼光是雪亮的，"沃尔在比赛开场前赢得最大的欢呼，但比赛结束后，享受这份荣耀的是林书豪。"

连奇才队所在城市华盛顿的媒体《华盛顿邮报》，都开始表扬这位落选新秀。也正是因为这番与状元秀的恶斗，林书豪面前那扇紧闭的 NBA 大门，缓缓地打开了。

2010年姚明基金会慈善赛

一战成名，纽约沸腾

昔日门前冷落车马稀，今朝一战成名天下知。打完奇才这场比赛，林书豪已经成为篮球圈的时鲜热门话题，越来越多人开始认可他的能力。

美国著名的权威体育媒体《体育画报》记者克里斯·曼尼克斯俨然已经成了忠实的林书豪球迷："这场比赛完全是林书豪的个人秀，如果你还没听过这个人的名字，赶紧去看录像吧，千万别错过这场比赛。林书豪组织进攻时有着非常优秀的视野，他能传出富有美感的好球帮队友得分，快攻反击也相当犀利。

林书豪对篮筐的冲击力超乎想象得强，他的第一步突破极具爆发力，千万别因为个子不高就小瞧他。林书豪晃过沃尔的上篮就像在表演，如果他的投篮能力再强点就完美了。"

有线运动频道记者安格雷·萨姆则为自己的先见之明洋洋自得："我要再度重申，林书豪绝对有能力打 NBA，打组织后卫的他有足够的身高，有进攻能力，还能防守，身体也很结实，阵地战和快攻都能打。"

ESPN 记者大卫·阿诺特甚至放言，林书豪绝对能拿到一份高于底薪的合同。"我喜欢林书豪这名球员，的确，夏季联赛上的表现证明不了什么，但这小子不同，他打一号位，有组织有进攻有防守，居然还能抢断和盖帽，行进间投篮稳定性很高，他是夏季联赛表现得最好的球员之一。我认为，他就是平民版的德文·哈里斯。"德文·哈里斯？那可是小牛队打 2006 年总决赛的外线生力军，入选过 NBA 全明星赛的控卫！林书豪在阿诺特心目中地位之高可见一斑。

不得不提的是纽约媒体，他们再度毫无征兆地加入到这番讨论当中。"虽然只是夏季联赛，但落选新秀林书豪看起来打NBA毫无问题，比尼克斯在第二轮选的那个控卫似乎要靠谱……"《纽约时报》指的是来自锡拉丘兹大学的安迪·劳汀斯，他可是加拿大国家队的主力控卫。

华裔落选新秀以下克上的精彩表演，在全美范围迅速流传着。林书豪当然感受到了这种变化，甚至比赛没结束就已经开始变了。他还记得自己用漂亮的转身切入篮下，与防守球员身体接触被吹进攻犯规后，发生的一系列不可思议的事。

"我当时都没看清谁在防守我，也不知道究竟是谁犯规了，但当我听到现场观众发出的嘘声后，第一反应是，我是不是撞上沃尔了？因为这些球迷在比赛伊始都在为沃尔加油呢。但后来我才意识到，不对，他们是在为我鸣不平？我真的想问一句，喔，到底发生了什么事？半个小时前他们可都是力挺沃尔啊！"

"如果没有和奇才的这场比赛，我也许根本进不了NBA。因为关注这场比赛的人很多，当然那是因为约翰·沃尔。此前基本没有人留意到我，但自此之后，人们开始讨论我了。"

阴差阳错荣归"勇士"

打完奇才第二天，经纪人蒙哥马利就接到了好几支球队打来的电话，探讨签下林书豪的可能性。

小牛自然是近水楼台先得月，尼尔森在接受采访时公开表示："我们对这位年轻人非常感兴趣，也很清楚他随时都可能从我们手中失去。"蒙哥马利也表示，将率先和尼尔森就林书豪的合同进行洽谈，看上去小牛阵容再度出现一副亚洲面孔只是时间问题。

就连林书豪自己都开始畅想在达拉斯开始自己的 NBA 生涯了。"这两天我睡得很少，因为太兴奋，显然这是梦想成真的一刻。在夏季联赛就拿到合同，可比到（赛季开始前的）训练营里争取名额强多了。我真不记得自己上次失眠是什么时候的事儿了，最近一两天的经历实在是太不可思议了。"

不过，林书豪也并非对小牛完全满意。"尼尔森很照顾我，他是个很有眼光的人，他说喜欢我打球的方式，喜欢看我的比赛，认可我的篮球智商。但他对我说，'我认为你还需要再锤炼一年才能进 NBA，所以我希望你先为我们的发展联盟球队打球。'他表示之所以不在选秀大会上选我，是觉得我还需要再磨练一段时间……"

在对国王得到 12 分、5 个篮板、1 次助攻后，林书豪的拉斯维加斯夏季联赛之旅宣告终结：场均 18 分钟里，9.8 分、3.2 个篮板、1.8 次助攻、1.2 记抢断的数据算是相当不错了，何况还有高居小牛队内第一的 54.5% 投篮命中率。除了小牛，湖人及一支东部球队也表达了对他的兴趣。但笑到最后的，却是最后出手的勇士。

"勇士是你的家乡球队，你也是个勇士球迷，如果能为勇士打球怎么样？"

"那可真是太棒了，简直是完美结局。"

选秀大会前几个星期，奥克兰当地一位记者特地跑去采访林书豪，他提出了这样的设想，也得到了被采访者的热烈回应。可没想到一个

100
Jeremy Shu-
How Lin

月后，它居然变成了现实。

原本在竞争中占据先手的小牛，最终还是没能下定决心签下林书豪，他们只愿意提供一份完全无保障合同（另一种说法是只有很小部分薪水有保障）。

另一方面，林书豪的经济团队也认为加盟小牛未必是最佳选择，因为这支球队的一号位已经人满为患了：排名 NBA 历史助攻榜第二的贾森·基德、超级第六人贾森·特里、波多黎各国家队主力控卫 J·J.巴雷亚、法国国家队后卫博布瓦，他们都是一号位的好手。

决心在 NBA 打控卫的林书豪如果真到了小牛，出场机会必然少得可怜，恐怕只能像尼尔森说的那样，到发展联盟球队去打磨锤炼了。

而没有在选秀大会上用 58 号签选林书豪的湖人，也有望与其再续前缘。作为加州人，林书豪也不排斥为紫金军团效力。但是，湖人主教练"禅师"杰克逊不爱用新秀也是出了名的，2008-2009 赛季为湖人效力的中国后卫孙悦的境遇，显然令经纪人蒙哥马利有些忌惮："湖人当然也是我们认真考虑的目标，但我们必须要找到一支最适合林书豪发展的球队。"

相比之下，勇士虽然出手晚，但诚意更足，球队现状看起来也更适合林书豪。首先，他们愿意提供一份有部分保障的合同，林书豪只要签约就会有收入；其次为了完成这次签约，勇士会将上赛季表现相当不错（场均 10.3 分、2.6 个篮板、2.8 次助攻）的替补控球后卫 C·J.沃特森送到公牛，只换回了一个未来的第二轮选秀权，从而给林书豪腾出了名额。

这样一来，林书豪在队内面临的竞争就没那么大了。再次，勇士的实力远不如小牛和湖人，且刚刚换了新教练基斯·斯马特仍处于重建阶段，球员出头机会自然也就多了。还有一个很重要的因素是，签下林书豪的决定，是此前刚刚收购勇士队的新老板乔·拉科布做出来的，处于一个有着巨大亚裔群体的市场中，签下林书豪无疑对给球队的商业开发大有裨益……

从落选到成名，签约排场堪比巨星

2010 年 7 月 21 日，勇士正式对外宣布，与林书豪签下了一份两年合约，其中第一年薪水为 50 万左右，有 50% 保障，第二年合同执行前球队有权终止。尽管还没有打 1 分钟 NBA，林书豪已经创造了历史，他成了勇士队史上首位亚裔球员。

"一直以来我都设想自己有机会打 NBA，但我现在居然有机会为勇士、这支我从小就非常喜欢的球队打球，真的是太梦幻了，勇士是我最想为之效力的球队。"在勇士特别安排的签约仪式上，林书豪显然被挤满媒体室的记者和摄影师唬住了，"我从没参加过这样的活动，这一切简直太不可思议了。"

和他同样意外的还有另一个菜鸟——勇士新任主教练基斯·斯马特："这太不可思议了。一位落选新秀的签约仪式，球队的媒体室里居然挤满了来自全国各地的媒体！"

对于一个落选新秀而言，这个场面着实太大了，除了体育媒体，还有不少华语媒体及亚裔记者也赶来采访了。勇士还特别请来了林书豪的父母、兄弟以及几位曾经执教过他的教练,他们坐在屋子的角落,面带微笑看着眼前发生的一切,见证着林书豪圆梦的幸福时刻。

事情到了这种地步,作为一名非常虔诚的基督教徒,林书豪愈发相信冥冥中自有天意,上帝早就安排好了自己的一切。"某种意义上说,落选反倒比二轮被选中更好。现在回想起来,我很庆幸自己当时没有被选中。有些人本来可以在其他球队获得更好的表现机会,但他们被选中后,那支球队就得到了支配使用他们的权利,他们可能得不到机会被埋没了。而我落选了反而因祸得福,不然我也没有机会在夏季联赛上展现自己的实力,并收到多支球队的合同,我的确是赚到了。"

即便后来在勇士发展得并不顺利,林书豪也没有后悔自己当初的决定。"选择加盟勇士有几个原因:他们第一个给我提供了有保障的合同,而且合同的条件不错;勇士的球风很适合我,我是个进攻型的组织者,喜欢冲到篮下得分;他们的主场设在奥克兰,离我的家乡也近。这些加起来,谁都会做出和我一样的决定的。"

刚刚和勇士签约时,林书豪的确对未来充满信心:"我已经做好准备,用正确的方式给球队做出贡献。"

"小时候,我的屋子墙上贴着斯普雷维尔和乔·史密斯(皆为勇士球星)的海报;我最喜欢的勇士球员是拜伦·戴维斯,因为他在2007年季后赛率队所做的一切。"林书豪所说的,正是勇士最辉煌的一段历史,那年他们以西部第八名涉险杀进季后赛,却在戴维斯的率领下首轮掀翻常规赛冠军、2006年杀入总决赛的小牛,上演了NBA史上最荡气回肠的"黑八奇迹"。在哈佛大学从来没有感受过"疯狂三月"的林书豪,当然想体验下NBA季后赛的滋味。

—— 快！实在是快！——

林书豪在 2010 年夏季联赛上戏耍沃尔的场景，无疑是他职业生涯第一个高光点。而日前曝光的林书豪选秀期间体测数据，证明了看起来身体素质不如黑人球员出色的他，实际在部分基本运动能力方面甚至不亚于沃尔这样以身体劲爆的天才球员。

其实每年选秀大会前，准备参选的球员都会接受这样的测试，被测内容包括速度、力量、弹跳和敏捷度等等。不过，林书豪当年没有参加官方的集中测试，但在参加训练营期间他接受了相关检测。

而看到这个数据的前小牛体能教练布莱特·布鲁加特说道："林书豪的数据给我留下了深刻的印象，在 3/4 场地冲刺跑测试中，他的几项数据可以德里克·罗斯（2008 年状元秀，控卫）、约翰·沃尔（2010 年状元秀，控卫）和凯瑞·欧文（2011 年状元秀，控卫）相媲美。"

落选新秀堪比三大状元控卫？端的是有数据有真相，让我们看看几个人的平均速度、启动速度和最快速度几项的大比拼吧。

平均速度：林书豪为 16.66 英里／小时，罗斯为 16.6 英里／小时，沃尔为 16.48 英里／小时，欧文为 15.67 英里／小时。没错，林书豪的平均速度是四人里最快的。

启动速度：林书豪为 13.93 英里／小时，沃尔为 13.25 英里／小时，欧文为 12.64 英里／小时，罗斯没有参加测试。林书豪的启动速度也快于沃尔和欧文。

最快速度：林书豪为 18.85 英里／小时，沃尔为 19.3 英里／小时，欧文为 18.74 英里／小时，罗斯没有参加测试——即便在这项看上去黑人球员应该占有绝对优势的项目，林书豪依然比欧文快一点。

"绝对速度和启动速度，无疑是运动员能够取得成功的关键因素之一，"布鲁加特慨叹，"这些数据已经证明了，至少在这方面，林书豪绝对称得上是个精英。"

5

直面惨淡人生才是真"勇士"

《TIME》未卜先知——他是尼克斯的纳什

兴奋过后，林书豪开始冷静下来。勇士虽然整体实力不强，但他们的后卫线却是全明星级别的：主力控卫斯蒂芬·库里是 2009 年第 7 号新秀，处子赛季场均拿下 17.5 分 4.5 个篮板 5.9 次助攻，差一点就荣膺最佳新秀；主力二号位蒙塔·埃利斯，是球队的得分王，2009-10赛季在联盟也高居第6位。而且，两个人都是出场时间超长的铁汉：埃利斯场均要打41.4分钟，库里也有36.2分钟，想从两人身上分一杯羹，得到更多表现机会，绝非易事。

"在大学我常常打得分后卫，在夏季联赛我的出场时间也不固定，但我算是个纯控卫。我相信自己在NBA最理想的位置也是一号位。"林书豪说，和埃利斯·库里这样的后卫相比，自己要弥补的还有很多，比如投篮的稳定性，比如切入的时机，"我需要从他们身上学东西，能有机会每天防守他们两个小时（队内训练）真是太好了，我肯定能学到不少。"

在外界看来，合同到手后林书豪应该考虑些其他事情了，比如寻找球鞋赞助商，甚至有人建议他利用自己特别的背景开创个人品牌。但林书豪婉言回绝了："商业方面的事要问我的经纪人，我还没有考虑过这些事，也不知道具体的情况。有个人品牌的确是件很酷的事情，但这绝非我追求的目标。"他说在9月底的球队训练营开始前，自己主要考虑的就是安排个人特训，希望尽快提高投篮的出手速度和稳定性。

林书豪说到做到，那个夏天，他只是应姚明之约参加了在中国台湾举行的姚基金明星慈善赛。"我们常常会看到林书豪在勇士的训练馆里加练，他的努力程度根本不像个处于休赛期的NBA球员，而是个马上要参加选拔赛的中学生，"一位华裔记者感慨道，"这也是'单独试训时乏善可陈，全场比赛屡有亮点'的特别球商的体现吗？如果能减少突破时的失误，三分球再准一点儿，他将成为勇士的第一替补后卫，并让人渐渐忘记他那副亚洲人的面孔。"

这种兢兢业业的职业态度，无疑为还没在NBA正式比赛亮相过的林书豪加分不少。美国著名篮球杂志《DIME》特别写了一篇名为"勇士暗藏下一个纳什"的文章，将他、库里、埃利斯和1997-98赛季的太阳后场组合相比，那可是由三位名人堂级别球星组成的——库里是贾森·基德，有着聪明的头脑；埃利斯是凯文·约翰逊，身体素质出色的双能卫；林书豪则是史蒂夫·纳什，贵为两届常规赛MVP获得者，NBA历史上最伟大的控卫之一的加拿大人，当时还是寸功未立的丑小鸭，几乎没有人看好这位来自名不见经传的圣塔克拉拉大学的球员。

"和纳什一样，林书豪是大学篮球比赛的边缘人，没有为一支豪门球队效力过，他们难免长期被贴上弱者的标签，只好谨小慎微一步步地证明自己。圣塔克拉拉大学在NCAA的地位和哈佛大学差不多，但和纳什一样，林书豪抓住了转瞬即逝的机会，让NBA关注到了这位亚裔球员，而他在大四的数据（场均16.4分、4.4个篮板、4.5次助攻）其实和纳什（场均17分、3.5个篮板、6次助攻）差不多。

当然在林书豪一场正式NBA比赛未打的前提下做出这种猜测是非常疯狂的，何况纳什至少是首轮新秀（1996年第13位），林书豪在选秀大会则无人问津。但看他打比赛时我能感受到他所具有的一些特别天赋。如果林书豪能保持现有的状态，在真正的机会来临前保持这种低调努力的态度，场均两双对这位亚裔球员并非奢望。"

Jeremy Shu

现在看来，《TIME》还真有几分未卜先知的味道，尼克斯主帅丹特尼来纽约前正是纳什的教练，无数人也将林书豪称为"尼克斯的纳什"。纳什本人也开玩笑地说，他现在只能说是加拿大版林书豪。但在当时，这种说法只能证明一件事：作为落选新秀，林书豪的受关注度早已经高到一个令人咋舌的程度。

百折不挠的"中华英豪"

"美籍亚裔群体的榜样？这太言过其实了。他们对我真的很好，非常关注我，这让我都有些惭愧了。"

不管林书豪承认不承认，哪怕他本人其实不喜欢自己的名字和"亚裔球员"这个词联系在一起，但现实就是这样：在NCAA崭露头角后，亚裔团体已经将他视为新时代的榜样人物了，尤其在家乡帕洛阿尔托附近，有许多人关注着林书豪的成长，并希望能追随他的足迹。

大四那年，林书豪随着哈佛大学客场挑战圣克拉拉大学时——这里距帕洛阿尔托只有15英里——圣克拉拉大学能容纳4700人的主场立刻爆满了。他的父母特地穿着印有"欢迎欣赏杰里米·林的表演时刻"、"我们相信"（这也是勇士队2007-08赛季创造黑八奇迹时的口号）字样的T恤衫，坐在场边为儿子加油；但他们惊异地发现，观众席上的亚洲面孔多得出乎意料。林书豪的队友则将这种场景形容为："我们好像来到了香港。"

那些喜欢篮球的亚裔年轻人，在林书豪身上看到了希望："他的故事激励了我，如果他能做到的事情，我为什么就不能呢？我当然要试试。"

"看到林书豪，就像看到我自己一样，除了我的篮球水平不如他，其他真的一模一样……那些球探总是对你视若不见，仿佛你在场上什么都没有做，歧视无处不在。他们会认可你是武术家，但不会觉得你是个好的篮球运动员。只有林这样的人出现，才能改变他们对亚裔男人软弱、老土、不爷们、不够酷的固有成见。"

位于旧金山湾区的亚裔篮球赛事"梦联盟"，促成了这个NCAA的"亚洲之夜"。联盟负责人布莱恩·杨为了推广亚裔群体的篮球水平，专门联系圣克拉拉大学，买了他们主场对哈佛大学这场篮球赛的500张球票，然后以8.88美元的低价卖给亚裔球迷，鼓励他们到现场为林书豪加油。

为什么卖8.88美元？"中国文化里，8是个幸运的数字，我们当然希望能给林书豪带来好运。"最终，杨手里的500张票销售一空，还有不少没买到票的人干脆直接跑到圣克拉拉大学买票。

另外，这样一场水平并不高的NCAA比赛，吸引了一家针对亚裔读者的杂志，两家中文报纸和一个华语电视台到现场报道，其中还有记者找到哈佛队的官员，"我们能不能派个摄制组，从机场开始一路跟着球队进行贴身特别报道？"当然，他们的目标是林书豪。

"林书豪的故事，大环境都是我们熟悉的，都是我们经历过或者未

2010–2011年发展联盟大角羊队

来会经历的，他生在这里，在这里长大，他的父亲是一名工程师（美籍亚裔人最常从事的工作），他面临着和我们同样的挑战。"《旧金山纪事报》亚洲文化专栏作家杰夫·杨说，"但和我们的区别是，他在球场上表现出来的一切。其他在 NCAA 打球的亚裔球员都坐在替补席的最末端，偶尔上场也被教练要求好好守联防，不要投篮。而林书豪不一样，他已经形成自己的比赛风格，可以尽情发挥他的篮球天赋。"

那场比赛，面对对手"一定要让他出丑"的针对性防守，林书豪的表现算不上出色，拿下 6 分、9 次助攻、3 记抢断、2 次盖帽，帮助哈佛 74：66 获胜。但听到现场震耳欲聋的欢呼声，看到无数索要签名合影的球迷，林书豪被感动了："我从没遇到过这么忠实的球迷，我太荣幸了，简直有点不知所措。"在家乡打球的美好感受，就此在林书豪心里留下了深深的记忆，这也是他此后选择加盟勇士的原因之一。

进入更高层次的 NBA 联盟后，球迷对林书豪的喜爱更是有增无减。新赛季没开打，勇士方面就已经应球迷的强烈要求，将林书豪的 7 号球衣摆上了货架——有多少落选新秀在自己的菜鸟赛季尚未开始前，球衣就已经成为热销品？这已经是一个奇迹了。

终生铭记的"勇士"第一战

2010 年 10 月 8 日，星期五，这本是个普通的周末，却因为林书豪而变得特别。主场对阵快艇，这是勇士在新赛季的首场季前赛，也是林书豪首次穿着勇士球衣打的第一场 NBA 比赛。

超过 10000 名球迷涌入了勇士主场球馆甲骨文中心，他们怀着极大的好奇心，想看看这位华裔球员到底能在 NBA 赛场上有怎样的表现。有些球迷对这个场面和惊异，也有人丝毫不奇怪：这算什么，4 年前林书豪率队夺得州冠军时，圣克拉拉郡 1/3 的居民都在为他庆祝（该郡总人口超过 30% 都是亚裔）！

拥有主场之利的勇士，很快就大比分领先快艇，但现场球迷似乎对支持球队表现出色不怎么关心；比赛结果彻底失去悬念后，林书豪成了他们唯一关注的焦点，"我们要看林书豪打球"的呼喊声不绝于耳。终于，在第四节还剩 10 分 49 秒时，林书豪出场了。

当他还只是走到记录台旁边准备上场时，甲骨文中心就已经沸腾了，球馆内的音量一下子达到了整场比赛的峰值。当他上场后，每一次触球都能引来现场观众的阵阵欢呼，哪怕还没有什么精彩镜头出现。当他用招牌式的变向冲破重重包围打进高难度上篮，以及抢断快艇后卫约翰·沙耶尔后连过数人，击地妙传助队友布兰顿·莱特暴扣得分，球馆顶棚差点被观众制造的声浪掀翻了……

"这真是让我终生铭记的一种经历，给了我莫大的鼓励，"林书豪赛后说，"能得到这样的机会真的是上帝的恩赐，我非常感谢上帝。能当着这么多亲朋好友的面打 NBA 比赛，现在无论什么语言都很难形容出我的幸福心情了。"

一直打到终场结束的林书豪，最后贡献了 7 分、3 个篮板、2 次助攻、2 记抢断，这在全队 6 人得分上双的数据单上并不出奇，只是 100% 的命中率颇为抢眼：投篮 2 中 2，罚球 3 中 3。面对记者"聪明高效"的赞美，林书豪摇了摇头："我还有很长路要走呢，需要进步的地方太多了；我其实并没有证明什么，只打 10 分钟的比赛，谁都可能会灵光一现。"

队友也被林书豪的受欢迎程度镇住了。"他刚刚被替换上场时真是全场轰动，"首发控卫库里说，"显然球迷们非常喜欢他。"从尼克斯转会而来的中锋大卫·李也感慨："我从没见过一个新秀能得到这样的待遇，林书豪已经拥有了一批狂热的支持者，在纽约也许只有内特·罗宾逊（身高仅 1.75 米的三届扣篮大赛冠军）能得到这样的待遇。"当然，队友可不愿意就这么被林书豪抢走所有风头：戏弄菜鸟球员是 NBA 的潜规则，趁着比赛结束后林书豪去洗澡，他们将他的球鞋藏了起来。

但，当时所有人都忽略的一个现实是：勇士主帅斯马特对林书豪并不怎么感冒。这场季前赛，他给了阿隆·米尔斯——一个 1.85 米、27 岁的小个控卫，上次在 NBA 打球还是 4 年前的事，场均 6 分钟仅得 0.8 分、1.3 次助攻——将近 21 分钟的出场时间，几乎是林书豪的两倍。

赛后斯马特教练直言自己是故意在最后一节才换上林书豪的，因为希望这个新秀不要受外界因素的影响，能够逐步融入 NBA 比赛的氛围。另外，林书豪在勇士是打控球后卫还是得分后卫，抑或两个位置兼职，斯马特也表示，还没有做出决定。

此后几场季前赛，林书豪的出场时间如过山车一般忽高忽低：第二场 1 分钟，第三场 2 分钟，第四场干脆没上场；第五场出战近 12 分钟，得 5 分、2 个篮板、2 次助攻、1 记抢断，他在场的这段时间里，勇士队净胜开拓者队 13 分；第六场再度被死死按在替补席上；第七场又打了 18 分钟，拿下 3 分、3 个篮板、4 次助攻、3 次抢断的全面数据；

大导演斯派克·李

最后一战出场时间又骤减到只有 2 分钟出头……

林书豪衣锦还乡的开场秀，看似可圈可点，实则暗藏凶险。

低调为好！

NBA2010-2011 赛季尚未开始，勇士队又宣布了一条新规定：为了保护林书豪，将限制记者对他的采访数量。没办法，要求做采访的媒体实在太多了，如果不加阻止，恐怕他连训练时间都没有了。林书豪自己也承认："客场比赛反倒会舒服些，没有处于聚光灯下的感觉。"

他还主动找到球队的媒体官，要求尽量减少自己接受采访的时间——在NBA这样的商业联盟，曝光率对球员实在是太重要了，很少有人会主动要求减少对自己的宣传。

林书豪的理由是，来采访自己的媒体太多，会影响到队友的，一个连正式比赛都没打过的球员成了队里的焦点，这不太合适。有时候，在更衣室里围着采访他的记者太多，难免会占了旁边队友的衣柜位置，林书豪还会主动跟队友说句"不好意思"，那脸上的真挚表情已经表达出，他绝对是发自内心的歉意。

但是，连篇累牍的报道带来的真正烦恼，是球队内部异样的眼光。有记者发现，勇士队内练习赛多了个特别的裁判条例：其他球员对林书豪的犯规是不会被吹的。

这又是为什么？

斯马特教练的解释是："他得学会像钉子一般坚韧。我认为让他清楚自己还是NBA的无名之徒很有必要，赛场上你不会得到任何额外帮助，得靠你自己的表现克服困难。"听起来这话倒是没错，但在正式比赛里，斯马特教练是不是给了林书豪足够的考验机会呢？

2010年10月29日，勇士队主场对快艇队，他们将一年一度的"亚洲传统夜"安排到这天，并围绕林书豪设计了不少活动，包括赛后的记者发布会。这场比赛勇士队打得非常出色，第三节中途已经将领先优势扩大到20分以上，球迷又开始高呼："我们要看林书豪打球！"

按照常理推测，斯马特教练完全可以做个顺水人情，早点派林书豪出场；但在快艇队第四节早早撤下全部主力举白旗投降的情况下，林书豪直到比赛还剩 2 分半钟才被换上场……

林书豪自己倒是没觉得怎么样："感谢上帝和所有到场的球迷，第一次在 NBA 出场感觉真好，作为一个亚裔球员，我很自豪。"但球迷却有点扫兴："斯马特难道不知道今天是亚洲传统夜吗？"

随后的一个意外，让林书豪看起来有了出头的机会。由于主力控卫库里脚踝扭伤缺战，作为阵容里仅存的一个控卫，林书豪在客场对卫冕冠军湖人队的比赛中得到了 16 分钟出场时间，他 5 投 1 中得到 2 分——这也是他在 NBA 赛场上第一次得分，还有 3 次助攻和 4 记抢断，但也赔上了 5 次犯规。

赛后斯马特表示，由于几位得分后卫代打控卫表现都不怎么样，将重新考虑阵容的安排，准备让林书豪承担更多任务。"我不会再把雷吉（威廉姆斯）放在 1 号位，也不会再把查理（贝尔）代打控卫，因为这都不是他们习惯打的位置，他们做自己擅长的事。

因此，林书豪在场上的发挥对我们而言至关重要，在库里重返球场前，作为替补控卫他要撑起球队。"可他的做法和说法完全背道而驰：接下来三场比赛，林书豪 1 分钟都没上过，甚至有一场连 12 人出场名单也没被列入！

令人哭笑不得的是，库里伤愈复出了，林书豪也随之"解禁"了。但是他的出场时间极其不固定，有时候一分钟都没有，有时候上几分钟，也曾连续四场都能打十多分钟……这样的境遇，和季前赛何等相似。谁也猜不透主教练斯马特葫芦里卖的什么药，但在勇士队于 12 月初签下被灰熊队裁掉的控卫阿西·劳后，再迟钝的人也能感受到：斯马特不信任林书豪。

在阿西·劳入队即受到重用，一场比赛甚至能打 30 多分钟后，人们更是坚定了此前的猜想：林书豪在勇士队的日子不会好过了。

"现在我在勇士队中的角色，和此前（在哈佛大学）有天壤之别，显而易见这需要做出巨大的转变，"林书豪说，"在我的人生里，从来没有处于如今的位置上，有很多全新的事物都需要我来面对。"斯马特教练则认为，林书豪的打法和全队追求简单直接的打法不相容："有时候感觉他看了太多战术分析录像带，比赛时变得像个机器人一样，打球有时候需要的就是一种直觉。"

勇士队可以说是全 NBA 体系最简单的球队之一，或者没有之一，和林书豪在哈佛强调整体，强调战术的打球风格南辕北辙，这确实是个不可调和的矛盾。

被勇士下放，的确伤不起

2010 年 12 月 28 日，勇士队做出了一个艰难的决定：将队内受欢迎程度仅次于库里和埃利斯的林书豪，下放到自己的发展联盟球队里诺大角羊队，这位过去 6 场比赛只出战过 1 次的替补控卫，眼见在队里根本没有上场机会。

"这是我们经过深思熟虑做出的决定。"总经理拉里·莱利表示，到发展联盟打比赛有助于林书豪保持状态。

"我当然希望自己能留在勇士队,不过被下放意味着可以得到更多打比赛的机会,这不是世界末日,我还是可以跟其他球员学东西。"听得出,林书豪对这个结果并不甘心,但他也无力改变现实。

　　带着场均8.5分钟得1.9分、0.9次助攻、1.1记抢断的成绩单,林书豪去大角羊队报道了。由俭入奢易,由奢入俭难,尽管选秀名落孙山时他曾做过在NBA发展联盟打拼一年的最坏打算,但被NBA球队发配到这里的感觉,当然更难以接受。

　　万幸的是,林书豪又遇到了一位好教练,曾经担任过勇士队主帅的埃里克·穆瑟尔曼。"我认为,林书豪成为NBA一支球队的首发球员根本不成问题,"穆瑟尔曼说,"虽然他做不到场均砍下20分,但你无法忽视他在场上对球队的价值,以及他对篮球的渴望之情。"有了主教练的力挺,林书豪在发展联盟又找回了身穿哈佛球衣打NCAA的感觉:第一场比赛出场18分钟得10分。第二场21分钟内拿20分。接下来两战又分别攻下16分和26分。四场比赛,林书豪在平均不到27分钟的时间里豪取18分、4个篮板、2.8次助攻,投篮命中率高达52.3%,效率之高令人咋舌。

　　2011年1月3日,勇士队宣布将表现不俗的林书豪从发展联盟召回,但奇怪的是,随后的三场比赛,林书豪连12人的出场名单都没进,只能穿着便装坐在场边看队友在场上奔跑。1月9日,勇士队再度宣布,第二次将林书豪下放到发展联盟!

　　这下,林书豪可真有点儿起不了了:"这是我第一次感觉在NBA打球是这么艰难的事,尽管我努力让自己不去想这件事,但在我心里,被下放到发展联盟就是一次降级。"这位此前无论学习还是打球都颇受好评的优等生，何曾尝过"降级"的滋味？但是，他很快就自己说服自己，这些挫折和某些人的歧视没有什么不同，都只是上帝对自己的考验而已，只要努力，困难总是会克服的。

渐渐地，林书豪开始感受到在发展联盟打球的收获："第一次代表勇士队出场时，当我站在场上，我似乎什么决定都做不了，我不知道自己该干些什么，也弄不清自己的角色是什么。但随着打的比赛越来越多，现在我的感觉可轻松多了，不再像此前那样慌慌张张的，我能自如应付一切，能够在球场上展示自我。"

重返发展联盟一个星期后，林书豪因为率队取得四连胜，个人场均得到 20.3 分、5.8 个篮板、5 次助攻和 2.8 记抢断，被选入新近公布的最佳阵容——他已经成为招牌红人了。这一次发展联盟之旅，华裔后卫共代表大角羊队出战 12 场，首发 8 次场均打 32 分钟，有 17.9 分、5.6 个篮板和 4.7 次助攻进账，成了球队的得分王。

更难得的是，林书豪展现出了非常的亲和力。尽管已经是大角羊队的头号球星，但没有队友会嫉妒他，反而"人人都爱林书豪"。

队友小帕特里克·尤因坦言，他曾经怀疑过林书豪的能力，觉得他能得到勇士的合同纯粹是因为长了副亚洲面孔，但铁铮铮的事实证明了，对方场内场外的表现远比想象出色许多，自己完全被征服了。

"我就读于 NCAA 一级联盟里的篮球名校（尤因先后在印第安纳大学和乔治城大学读书），因此我很好奇，一个出自哈佛大学的球员有什么本事？但林书豪用行动证明了自己，他很有篮球天赋，而且随着赛季进行他变得越来越好。"

而比起球技，小尤因更服气的是林书豪平易近人的性格。大角羊队坐飞机去客场打比赛的时候，林书豪经常主动把自己的头等舱座位让给队友坐（按照规定，有 NBA 球队合同在身的球员打发展联盟时，如果乘飞机可以坐头等舱，其他球员则没有这个待遇），"我们也和其他被下放到发展联盟的 NBA 球员做过队友，但从没有人像林书豪这么做。这让我们更加尊敬他了。"

2 月 5 日，因为替补控卫阿西·劳因伤停赛，林书豪再度被勇士队召回。为了庆祝重返 NBA 赛程，林书豪特别去理了一次发，想讨个"从头再来"的好兆头。这次回勇士，他总算得到了出战机会，前前后后打了 6 场比赛，场均得 1.8 分、1.3 个篮板、1.5 次助攻、1.2 记抢断，别忘了，他的出场时间仍只有短短 9 分钟。

斯马特教练嘴上称赞着林书豪拼劲十足，表现不错，但还是更习惯在主力控卫库里下场时，由得分后卫埃利斯代打一号位。当阿西·劳伤愈归来后，林书豪迎来了本赛季的第二次"冰封时代"。

场上失意，学业得意

不过，场上失意的林书豪场外却有喜事临门：毕业已近一年的他终于领到了自己的毕业证书，那可是令许多人羡慕的哈佛文凭！

正常情况，林书豪应该在 2010 年 5 月 27 日参加哈佛举办的毕业典礼，取得毕业证书；但他当时正忙于四处奔走参加各种训练营，准备 NBA 选秀，抽不出身回去。2011 年 3 月 3 日，借着勇士队奔赴波士顿对阵凯尔特人队的机会，林书豪重新回到了母校。

"这里的天气好像比以前好了一些啊，"林书豪开玩笑道，曾经他是多么痛恨波士顿的寒冬，"重新回到哈佛当然非常开心，在校园里四处走走，看到那些熟悉的面孔，那些熟悉的地方，这真是一次再好不过的旅行了。"

等到真正拿到毕业证书，林书豪开心地笑了："说实话，回到哈佛前我并没有感到特别激动，但当我拿到了毕业证书后，一种感觉油然而生，哇，真是太棒了！将它摊开捧在手中，读着印在上面的文字，我真的激动坏了。我可是我们家第一个从常春藤学校毕业的，我为自己而骄傲。"

林书豪还没有充分感觉到，自己的影响力已经不止于亚裔群体，

他甚至成了哈佛校友圈的骄傲。"林书豪是遍布世界各地的哈佛毕业生的骄傲，他给我们带来了意外的喜悦，"曾经是哈佛男篮预备队一员的扎克·普彻尔说，"我其实不认识林书豪，但这并不妨碍我非常喜欢他，因为他是哈佛人，而哈佛人在职业体育方面一直默默无闻，但他却成功地登上了篮球领域的最高舞台。所以，我会关注他在 NBA 的一言一行。"

甚至，整个常春藤联盟的人都在留意林书豪。普林斯顿大学主教练西德尼·约翰逊就表示："对他成功登陆 NBA，我倒是并不感到奇怪，但我很关心他如何能留在这个由全世界最好的篮球运动员组成的联盟里，他必须全力以赴。"

另一位隶属于常春藤联盟的大学的主教练则说："林书豪告诉了这里（常春藤联盟）的球员，有些事他们一样能做到，他们可以踏上一个高水平的竞技场。"

万圣节搞怪

　　不过，林书豪的支持者还是看到了他们最不愿意看到的一幕：在连坐了 9 场冷板凳未出场后，3 月 17 日勇士又将林书豪下放到发展联盟，这已经是本赛季第三次。虽然俗语说人生如戏三起三落，但如此频繁地起起落落，对一名 NBA 球员的确是个巨大的打击。

巧妙摆脱人生窘境

　　在这样的窘境下，人们再一次见识到了这位哈佛高材生的成熟。

林书豪说，NBA 和下属的发展联盟相比，无论打球的环境和比赛的水平都差得很远，在 NBA 球队呆过，再去发展联盟球队，心理落差肯定是有的，很多球员都不喜欢在发展联盟打球可以理解。但对他来说，在发展联盟打球的经历同样能帮助自己成长。

　　"我必须感谢发展联盟的存在。许多球员尤其是新秀球员倒是没有被下放到发展联盟，但他们留在 NBA 上场时间少之又少。而我至少能在那里打上球，而且的的确确通过比赛有了很大进步。当然，现在我还需要寻找一个展示自己的机会。"

　　第三段发展联盟之旅，林书豪攻下了赛季单场最高的 27 分，并最终将自己的发展联盟的个人数据定格为：出战 20 场，20 场球，场均 18 分、5.8 个篮板和 4.4 次助攻。3 月 28 日，此前遭遇六连败，早早与季后赛无缘的勇士队第三次将林书豪从发展联盟召回，后者也迎来了难得的一段幸福时光——3 月 30 日对灰熊队，他出场 17 分钟，5 投 4 中得到 8 分，并有 2 次助攻和 1 记抢断进账，只可惜勇士队 91 比 110 完败。而在 4 月 2 日主场对小牛队的比赛里，人们再一次见证了林书豪的不凡。

　　比赛进行到第二节还剩 8 分半钟，林书豪替换埃利斯出战时，主场作战的勇士队落后 7 分，只有大卫·李一名主力球员还留在场上。可谁也没想到的是，此前在 NBA 总共只打了 220 分钟的林书豪，居然帮助球队稳稳掌控住了比赛的节奏。

　　"他成功地理顺了全队的进攻体系，而且自己还成为本方半场的第一道防线。当对手企图用充满压迫性的防守逼迫他失误，他聪明地利用了队友的挡拆，将篮球牢牢控制在自己手里。极快地突破第一步，则为他自己创造了一次美妙的反手上篮机会，这将一些准备提前离场的球迷重新拉了回来。防守时，他像橡皮糖一样死死粘着小牛队的后卫。"

美国著名篮球杂志《SLAM》的记者尔夫·苏纳岑描述着自己所看到的一切，"林书豪上场时，勇士一度落后了 10 分，但当得到 4 分 1 次助攻的他被换下时，勇士仅仅落后 1 分。最后主队也正是借着这股势头，有些意外地拿下了这场胜利。"

第二天，接受记者采访的斯马特教练表示，林书豪将在这个赛季剩下的比赛里得到更多的上场时间，"现在，他可以指着自己说，'我已经证明了自己有能力在 NBA 打球。'"

这一回，斯马特算是没有食言。2010-11 赛季最后三场比赛，林书豪先后出战 14 分钟、21 分钟和 24 分钟；收官战大胜开拓者一役，他打出了本赛季最抢眼的表现：8 投 5 中得 12 分、5 个篮板、5 次助攻和 2 记抢断，而且没有一次失误。这场比赛，勇士队主场门票全部售罄，这是他们本赛季的第 13 次，也是最后一次；球迷见证了林书豪代表勇士队所打的第 29 场比赛，也是最后一场。

自此一别，后会无期。

上帝的祝福，是真是假？

29 场比赛没有一次首发，场均出战 9.8 分钟，得 2.6 分、1.2 个篮板、1.4 次助攻、1.1 记抢断，投篮命中率 38.9%，三分命中率

20%，罚球命中率 76%，林书豪处子赛季的表现，的确是平平无奇。

在为勇士打过球的 17 名球员里，他的出战场次排名倒数第四，场均出场时间排名倒数第三；用可有可无来形容其在队内的地位，并不算刻薄。

竞技场是残酷的，当你不能用场上的表现征服对手，自然也就无法征服球迷。赛季初期林书豪引发的热潮，随着赛季进行也在逐渐消退，球迷已经不满足于看到这名亚裔球员出现在 NBA 赛场上，他们希望能看到林书豪有精彩的表现。"林需要做些比出场打球更有意义的事，甚至是一个漂亮动作，这样才能让观众再度兴奋起来。"

当地记者也不止一次质疑勇士队签下林书豪的用意，他们认为这笔签约更像是一种商业投资，是球队的市场经营策略，以便吸引更多球迷，而不是因为林书豪有能力打 NBA。

勇士队老板不得不站出来解释，他不仅知道林书豪在哈佛的表现，还看过他读高中时和自己儿子柯克的比赛，认为林书豪绝对是个潜力股……

但是，这一切都对林书豪没什么影响。自己是不是出名，是不是受了冷落，他似乎根本不在乎。

斯马特教练回忆道，赛季刚开始时和林书豪讨论过这个问题，他问过这个年轻人要如何应对外界的密切关注。"林书豪回答我，'其实我根本不想得到这些关注。'我则告诉他，'我理解你所需要面对的一切，因为这是你这个阶段必须要面对的事，而到了十年二十年后，你就不会再有机会面对这样的场景了。既来之，则安之，努力理解这一切后，这也会成为你打篮球的动力的。'"

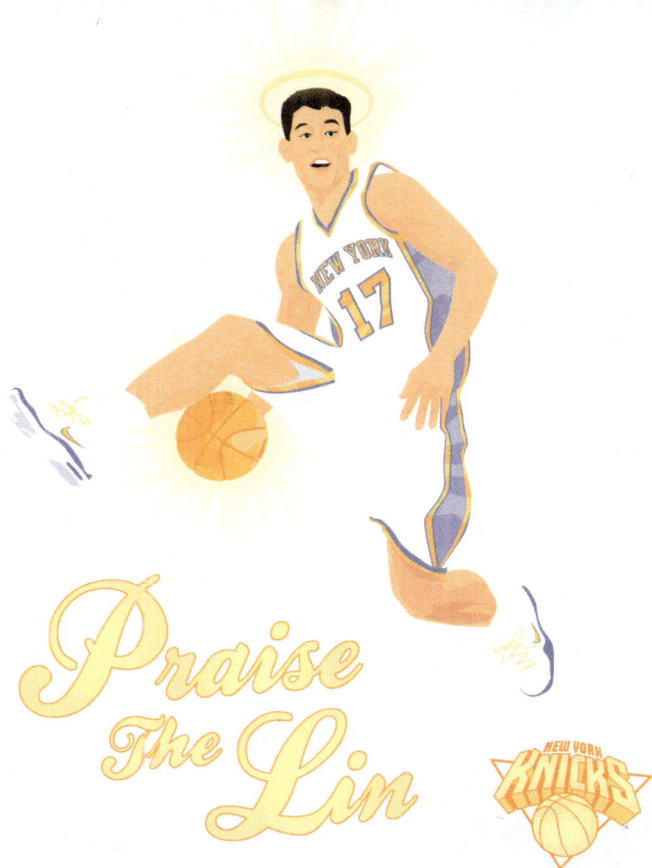

PraiseTheLin（赞美林）

　　林书豪说，自己只是将这段曲折经历当做上帝的历练，他说，是坚定的信仰让自己度过了过去八个月。"这是上帝给予我的带着假象的祝福，这是一段让我眼界大开的经历。它让我学会了谦虚，也让我学会了感恩。"

　　但是，一个更大的危机横在林书豪面前：因为老板和球员两方面关于利益分配的矛盾不可调和，NBA 联盟在 2011 年 7 月 1 日正式进入停摆期，2011-12 赛季何时开赛遥遥无期。

　　所有球馆、训练馆都处于封闭状态，夏季联赛、训练营取消，球员合同谈判、续约、执行相关选项也全部宣告停止。林书豪的第二年合同本来是需要勇士队方面确认执行才能生效，但现在，一切都无从谈起。

—— 球商高，有口皆碑 ——

林书豪球商高，已经是有口皆碑的事。不强打蛮干，利用队友挡拆掩护为自己、为队友创造出得分机会，已经是尼克斯如今最为倚重的战术。而这一招，正是他在勇士效力期间，被下放到发展联盟时练成的。

进攻时和队友配合欠佳，是林书豪菜鸟赛季初期遇到的最大问题。第一次被下放后，他便利用这段时间专门练起了挡拆。

"林书豪攻击力没问题，但挡拆时观察力不够，他得学会如何利用球场的宽度，学会观察对方的防守，而不是在挡拆后只盯着眼前的半块场地。"大角羊队主教练穆瑟尔曼一语点醒梦中人，某种程度上他成了林书豪的"救星"。

起初林书豪表现仍然不尽如人意，但穆瑟尔曼发现，这个华裔后卫的运球、突破水平相当不俗，甚至不亚于一些成名后卫。于是，他大胆让林书豪与队友在中线附近就开始做挡拆配合，这样做的危险是，如果运球不过关或呼应不够，很可能会回场违例；但如果挡拆成功，后卫可以有更充裕的时间来组织进攻。

穆瑟尔曼表示："林书豪没问题，我坚信他能像克里斯·保罗那样打这种挡拆，因为给他的空间留得越多，他会打得越出色。"

林书豪的高智商，在战术学习中体现得淋漓尽致，他学会了如何破解包夹，如何对付联防，如何利用换防给队友制造大打小机会……
穆瑟尔曼笑言，林书豪很快就把自己的看家本事都学会了，他已经没
什么可以教这个学生的了。

6

停摆期，彷徨的守望和游荡

NBA停摆，未来成迷茫

NBA 联盟停摆前，勇士抢先完成了一笔签约：他们辞退了带队成绩不佳的斯马特教练，选择前 NBA 全明星控卫、退役后做了多年电视解说员的马克·杰克逊为新任主帅。

在林书豪看来，这是个好消息。已经结束的这个赛季充分证明了，斯马特教练对自己根本不够信任，几乎没有给他任何有价值的出场时间；而马克·杰克逊球员时代不仅也打组织后卫，且在NBA联盟混迹多年、以头脑冷静球商高著称，他可能会更清楚自己的价值。

"当他还在步行者队效力时，我看过他的比赛，在电视上看过很多次，"林书豪所说的正是马克·杰克逊球员时代的辉煌时刻，2000年他曾帮助印第安纳步行者队杀入总决赛，只可惜最终惜败于拥有奥尼尔和科比的湖人队。

"听说他成为勇士主教练我非常兴奋，我在他身上看到了阿梅克（哈佛大学主帅）教练的影子，他们都很受人尊敬，打篮球时也都是防守出色的控卫。杰克逊教练做球员时打出了一个难以置信的职业生涯，这从他的总助攻数（排名NBA历史第二位，仅次于传奇控卫约翰·斯托克顿）以及其他方面的表现都能看出来。对我来说，没有什么比一名纯控卫做教练更好的事情了，我期待从他身上学到些东西，我相信自己能学到许多。"

回顾自己的NBA处子赛季，林书豪的遗憾显然大过喜悦。唯一值得高兴的事，恐怕就是能为家乡球队打球了，"在我的家人、朋友、中学同学和教练的面前打NBA比赛，是一件非常棒的事，我非常感谢这些球迷，感谢他们对我的支持和喝彩。这是我梦寐以求想效力的球队，在这里打球真高兴。"

"总体而言，我在NBA的处子赛季是一次很好的人生经历，因为我能借此发现自己还有哪些方面需要继续进步；但这段经历也是令人沮丧的，因为我并没有打出一个自己所期待的赛季，甚至连接近目标的程度都达不到，这实在是很郁闷的事。当然积极方面的事情是，我同样学到了很多东西。马上就要迎来第二个 NBA 赛季了，我得把注意力全部放在需要改进的地方上。"

林书豪是个训练狂人，但他说，自己还需要进行更详细更专业的个人训练，比如力量，比如跳投，以及作为一名 NBA 控卫对比赛走势的决断力。听起来，这些的确都是杰克逊教练做球员时比较擅长的方面，也难怪林书豪那么期待在他手下打球。"这些方面是我希望能够得到提升的，我想随着新赛季的进行，我会变得更出色的。"

可人生不如意，十之八九。由于 NBA 停摆，整个 2011 年的夏天和秋天，林书豪都没法接受心仪的杰克逊教练的指导；好不容易待到联盟结束停摆，12 月 9 日勇士队训练营的第一天，林书豪就被球队裁掉了——他还是没有得到杰克逊教练的指导。

日后，待到林书豪在尼克斯队大红大紫时，许多人都讥讽马克·杰克逊没有眼光。尼克斯队头号铁杆球迷、好莱坞著名导演斯派克·李还特别给这位老相识（杰克逊也曾经效力于尼克斯队，并入选了全明星赛）发了一条表达谢意的短信。

可杰克逊也很冤枉，因为裁掉林书豪的决定并不是他做出来的，甚至他都没有在训练场上认真点拨过这位华裔球员，"我真的和林书豪没有任何关系，之前我甚至没有亲眼见过他好好上个篮。所以别再问我有关林书豪的事情了，他真没在我手下打过球。"杰克逊甚至半开玩笑地说，他只是和林书豪相处了不到两分钟。

当然，这都是后话了。

"哈佛素质"成就"零输豪"

2011年夏天，林书豪本来有许多事情要忙：和勇士谈论合同问题，随队打夏季联赛或训练，考虑是否要代表中华台北男篮或者中国男篮参加亚锦赛……但由于停摆，与勇士相关的一切事项只能暂停。

而由于此前受膝伤困扰仍处恢复期，医生也不建议他参加对抗性大的训练，更不要说是正式国际大赛了，林书豪这个夏天的生活变得简单不少，在经纪公司的安排下，他到中国出席了一系列商业推广活动，包括以自己名字命名的训练营，赞助商举办的青年联赛等等。而就在这短短的十几天时间里，人们近距离看到了一个待人谦逊又训练刻苦的 NBA 球员。

林书豪谦逊有礼，早在他 2010 年第一次来中国时大家就感受到了。当时，他应姚明邀请参加姚明慈善基金会在台北举办的慈善表演赛。对于这位父母都是中国台湾人的 NBA 新秀，当地的球迷对他报以极大的热情。

"记得当时的新闻发布会是在台北市的六福皇宫酒店举办的，到场的转播车、记者、球迷多极了，人山人海的，都想亲眼目睹这位宝岛NBA 第一人的风采。"中国台湾著名篮球记者朱彦硕回忆道。显然第一次看到这么大阵仗的林书豪，颇有些手足无措的感觉。

"他在记者会上表现得还是比较得体，毕竟是文化素养高的哈佛生，回答问题很谨慎认真。但我注意到了一个细节，记者提问时他会用笔写下对方的问题，这是我第一次看到有球员无论是 NBA 球员还是中国球员在接受访问时这样做。日后我还特别问他为什么还'做笔记'，他说因为自己当时太紧张了，此前没看过这么多记者采访他，怕听错问题说错话。当时我心想，他还没享受过一朝成名的滋味，紧张是一定的，慢慢就会习惯了。"

但那些在随后的 NBA 赛季里采访林书豪的记者，看到的还是一个有礼貌的年轻人，哪怕他已经接受过 N 次大规模采访，甚至成了勇士最受欢迎的球员之一。哪怕是对方说了些不那么好听的话，林书豪也会认真地听，认真地回答，从没有乱发脾气的时候。"他总是微笑着和记者交流，即便对方的生硬有些刺耳，甚至是对他的攻击。"

而再次来到中国后，对于这个已经在 NBA 打了一年的现役球员，中国球迷及媒体的热捧程度有增无减。尤其林书豪回到祖母的老家浙江平湖时，那里的孩子们俨然已经把他当成了超级偶像；在活动现场平湖中学，几乎整个学校的学生都跑来找林书豪要签名。

经纪人最开始计划的是，让林书豪给大家签名 10 分钟。可 10 分钟过去了，排队索要签名的人仍络绎不绝。经纪人劝他到时间了，该走了，可林书豪却婉言谢绝："我从大老远飞来，他们也很难见到我，能尽量签就签吧。"

由于他的坚持，经纪人拗不过他只好由着去了。最终，他几乎满

Jeremy Shu

足了现场所有人的签名要求——要知道，当时他的膝伤还没有痊愈，此前又陪着学生们打了很长时间球，本来应该早点回去休息的。可为了满足大家的心愿，林书豪根本没把自己的身体放在心上，原本 2 个小时的活动时间，最后足足延长到 4 个小时，让心疼儿子的林母为此担心不已。

"我从未见过如此随和亲切的职业球员，这使我相信他一定会取得成功的。即使不是在篮球领域，做其他事也肯定非常出色。"朱彦硕感慨道。

How Lin

训练狂人独门秘笈

而真正让人服气的，是林书豪在训练场上表现出的那股认真劲儿。即便在行程紧张的商业"走秀"期间，他也不忘见缝插针地练球。

此前，网络上曾经流传过一段关于林书豪个人训练的视频，不少看过的人都觉得像摆拍做样子的，有夸张成分：6 点半起床洗漱，7 点整装出发，8 点赶到训练馆，吃点儿东西，然后进行各种技术练习，运球、控球、三分，都练个遍；最后再到力量房进行高强度的力量训练，直到身体僵硬，晚上 10 点吃晚饭，收拾东西回家睡觉……

EAT LIKE A PR[O]

DAILY GOALS

205 g protein
(he weighs 205 lbs.)
8 servings veggies
5 bottles of water

BREAKFAST

5 eggs
ham, turkey
or other lean
meat

POST WORKOUT

protein shake

LUNCH

salad
sandwich w
chicken bre
salmon, or

with Jeremy Lin
Golden State Warriors

DINNER

protein shake
big salad
or
pasta & chicken

但在中国所进行的个人训练，充分证明了这绝对不是做戏。"当我们把行程方案说给林书豪听时，他最关心的不是住宿好不好，去哪里参观游玩，接受怎样的采访，而是问行程中能不能空出训练时间，能不能提前定个训练馆，训练馆离住的酒店远不远，里面都有什么设施。"林书豪的中方经济团队，算是服了这个训练狂人了。

对于饮食，林书豪倒是很"挑剔"，不吃油腻的东西，不吃猪肉，吃鸡肉尽量不吃皮……尤其在身体有伤训练不能上量的前提下，他对自己吃的东西要求更严格了。

"他常常传授给我们自己的训练心得，比如做完力量训练要吃蛋白粉，"曾经和林书豪短暂做过队友的 CBA 东莞新世纪队球员顾全回忆道，"他告诉我们只有正确的饮食，加上坚持训练才能让身体变得更强壮，他从小就是这么练的。"

那么，林书豪是怎么进行个人训练的呢？乍一看，似乎没什么了不起。投篮训练从接近篮下的点开始，虽然对 NBA 球员而言，这个位置是随随便便就可以把球扣进篮筐的，但林书豪仍认认真真地练着投篮，手型一定要足够标准，动作一定要做充分。直到进了足够数量完成目标，再后退一步，还是重复前面这套简单的投篮练习……

听起来容易做起来难，从篮下到三分线，从正对篮筐到球场两侧，若干个投篮点下来，强度之大难以想象。更让人难以忍受的是，单调而乏味的重复，没有暴扣，没有拉杆，没有任何花哨动作，就是再平常不过的投篮，上篮练的是出手速度和精准度。

平湖中学的孩子们曾亲眼看到了林书豪的模拟训练表演：从三分线正对篮筐处开始投篮，进一个后退一小步，连续命中 8 球，一直退到了中圈弧……

在勇士队打球时，总有人嘲笑林书豪的投篮动作难看。"林的投篮的确挺好玩的，跳起来时他总是习惯性地蜷起腿再向下蹬一下，看上去就像发力过猛似的，"斯蒂芬·科里笑着说，"我们总拿他的投篮动作开玩笑，因为这个姿势实在有点怪。"

可当如今的林书豪用突破上篮征服了湖人，用罚球绝杀了森林狼，用三分绝杀了猛龙，已经没有人再笑话他的姿势难看，能抓老鼠的猫就是好猫，能进球的投篮就是好的投篮。

"很多人都以为林书豪能打得这么出色，他的个人训练一定很特别，其实根本不是这样，像他这样在 NBA 拿底薪的球员，甚至请不起个人训练师，你说他能有什么特别的器械，特别的计划？"曾经亲眼看到林书豪在中国进行训练的朱彦硕说，"我甚至觉得，他的训练根本不稀奇，一般爱好篮球者都可以完成，只要他有这个想法，只要他有足够的毅力。林书豪的过人毅力，才是他能成功的最根本原因。"

早早起床，吃完早餐后就训练……知易行难，不是所有人都能熬得住的。

朱彦硕还记得自己帮林书豪完成的一次特别训练——2011 年夏天林书豪在上海时，他希望能够在闲时找个场地练球，于是经纪公司联系了上海交大的篮球馆，一行人刚准备坐车赶到球馆，林书豪突然说"等一下"，随即跑回了酒店。再出来时，他的手上却拿着一个枕头。

训练带枕头干什么？难道休息时靠着用不成？直到开始练球了，林书豪才解释道，他想进行"在身体与对手冲撞后失去平衡的情况下投篮"的练习，但不知道球馆里有没有那种专门戴在陪练手上，可以用来推自己的护垫，于是就从酒店借了一个枕头拿出来……

说完，林书豪把枕头递给了本意只是来观摩的记者。"他要我拿着枕头，在他要上篮时'推'他一把，就像许多NBA内线球员准备封盖对手上篮时，双方发生了激烈的身体接触一样，"朱彦硕回忆道，"我一听就傻眼了。同学，你可是打NBA的职业球员啊，现在膝盖伤还没好，下赛季的合同也暂时没有着落，万一训练时我推你，把你弄伤了，我怎么跟别人交代？可林书豪说，没有关系，你尽量做就是了，千万别手下留情。"

随后，林书豪又让随行的弟弟做示范，并一再表示，两兄弟上篮时你尽管推就是。"最终我还是照他说的推了，当然多少留力了一些。从这件事你就可以看出，训练对他而言简直是甘之如饴，专业的场馆，丰富的器材，其实都不是必要的。现在你看林书豪经常在NBA赛场上突破数人防守，在对方高大内线封盖、冲撞下仍能上篮得分，那是因为他日常训练准备得非常充足，那不是运气球，而是他不断进行实战模拟演练，最终培养出来的好球感。"

试水CBA，左右为难

因为NBA停摆，很多NBA现役球员都已经开始考虑去海外联赛效力，可经纪人却表示，尊重林书豪本人的意见，暂时不考虑这些事。

"对于林而言，头号重要的事就是在NBA站稳脚跟，他的最大心愿就是成为一名NBA球员，"蒙哥马利说，"林对勇士如今的变化非常兴奋，新帅马克·杰克逊是个强调防守的教练，这是个好消息，在杰克逊的指教下，林可能会成为库里的头号替补。当然现在这个情况……如果新赛季真的确定没有了，我们再订 B 计划也不迟。"

可随着 NBA 联盟停摆的形势继续恶化，2011-12 赛季推迟、缩水甚至取消都不是没有可能，林书豪和他的经济团队，也不得不准备预备方案。而登陆 CBA 联赛，在许多人看来是个绝佳的选择——华裔背景，哈佛光环，NBA 经历，林书豪无疑会成为许多球迷以及商家关注的焦点，赚到比 NBA 更多的钱几乎是板上钉钉的事。

但林书豪却迟迟没有迈出这一步。"我们从来没有讨论过为了赚更多钱而做什么事，我们都知道他在中国联赛能得到很多，但他不怎么看重这些。"蒙哥马利如是说。林书豪的说法则委婉一些：我最想做的事是尽可能去帮助那些需要帮助的人——就像他除了 NBA 球员外最向往的工作就是做一名牧师。

随着膝伤痊愈，NBA 复摆又遥遥无期，老是自己训练没有比赛打也不是办法，林书豪开始考虑加盟一支球队保持状态。最终在 9 月中旬，他决定临时加盟中国 CBA 联赛的东莞新世纪队，参加亚洲职业男篮挑战赛。

于是，中国俱乐部和球迷近距离欣赏到了这位 NBA 华裔后卫的过人之处：首战对中华台北璞园队，这也是林书豪自 2010-11 赛季结束后打的第一场正式比赛，他替补出场贡献 17 分 6 个篮板 7 次助攻 5 记抢断的全面数据，帮东莞新世纪队取得开门红。

第一节，刚刚上场的林书豪就完成了一个另类的"打四分"：他先是上篮得分并造成对手犯规，加罚虽然不中但自己抢到前场篮板补中！下半场，林书豪被教练排进首发阵容，他单节独得 12 分，帮上半场结束还落后 2 分的东莞新世纪队在第三节结束整整领先了 11 分，就此确立胜势。

"林书豪太出色了，在 NBA 打球的他证明了自己的价值，今天他成功上演了一出个人秀，而且帮助我们赢得了胜利。"赛后，就连队里的美国外援、球队头号得分手约什也对这位临时队友赞不绝口。

东莞新世纪队的澳大利亚籍主帅、曾经执教澳大利亚国家队的戈尔，更看重的是林书豪超强的适应能力，"这的确是场很有趣的比赛，林书豪此前还从没和我们的球员一起打过正式比赛，今天早上我们赛前训练时他还在熟悉战术，对他来说处子秀必然背负着巨大压力。但结果大家也亲眼看到了，林书豪确实是一个非常优秀的球员，表现得多出色有目共睹，更重要的是他能让队友们打得很舒服，让所有人都参与到比赛中。"

曾经也是中国男篮国家队控卫的助教李群，也对这个新援大加赞赏："林书豪的很多传球，咱们后卫根本传不出来，尤其在对手的包夹下，那些大范围的转移球，完全体现了高人一等的篮球理念和个人能力。"

尽管东莞新世纪队最终在这项赛事中屈居亚军，但林书豪却毫无争议地入选赛事最佳阵容，并荣膺赛事最有价值球员。"林书豪用超强的得分和传球能力帮助了球队，全能的他能做很多方面的工作。"主教练戈尔感慨，"只可惜短时间里我们没法围绕他设计太多战术，所以更多时候他只好单打独斗，凭借个人能力来帮助球队得分。"

不过，林书豪登陆 CBA 联赛的难度相当大。首先他和勇士还剩余一年合同，由于 NBA 停摆合同处于被搁置状态，一时无法确定勇士是否愿意留用他，按照中国篮协对 CBA 球队签约外援颁布的新规，NBA 球员只有合同到期的那一拨人才可以到 CBA 打球，林书豪还不属于这种身份的球员。

其次，林书豪是美国国籍，除非加入中国国籍，否则球队只能以外援名额签入；他的实力已经得到认可，但和那些身体素质劲爆的黑人外援比，并没有高人一等的优势。

另外一个不可忽视的原因是，CBA 联赛和其他隶属于国际篮联的联赛不同，不允许 NBA 现役球员在停摆结束赛季重启时，跳出现有的合同重返 NBA，而让林书豪暂时放弃自己的 NBA 梦，无疑是非常难做的一个决定。

"林书豪为队友制造了很多得分机会，和队友成功完成了很多配合，他还可以自己投篮，突破。另外他的性格很好，很无私，他只是想帮助球队赢球，"东莞新世纪队一度被认为可能签下林书豪，主教练戈尔也公开承认，"我很希望他能代表我们队打 CBA 联赛，当然我知道有其他球队也想得到他。"

他说得没错，有消息称，姚明执掌的上海队当时也想签下林书豪，而且态度更加坚决，即便是利用外援名额也没问题。

最终，林书豪还是没能下定决心暂别 NBA 加盟 CBA。但是，他给与自己短暂做过队友的那些年轻人树立了一个职业球员的榜样。"虽然是第一次和我们队训练，但他非常尊重教练，教练的任何安排他都会遵循执行，从没有因为自己是 NBA 球员就搞什么特殊化。"

甚至，东莞新世纪队球员还记得一个细节：刚来到球队的林书豪，下飞机第一件事就是要到训练场训练，而且随身的行李里还带着 NBA 的正式比赛用球，没事就要摸摸练练，保持手感。

这件事也得到了一位记者的证实。2010 年林书豪第一次来中国时，就特地从美国带了个 NBA 用球，"因为他以前没来过，不知道咱们这儿有没有这种球，他怕长时间练另外一种球会影响自己的手感，于是就干脆带了个球来。后来他知道咱们这边也能找到这种球，第二次来就没有从美国带了，而是到了之后拜托人给自己弄一个。"

当林书豪在尼克斯大红大紫后，东莞球员叹服之余，也都认为这的确是天道酬勤，"看他现在的表现，我觉得就只能用三个字来表达：不信命。许多人在遭遇到与他相同的情况时，可能早就放弃打 NBA 的理想了，但他从来都没放弃过。"

离开东莞回到美国的林书豪，并没有等到期待的好消息：NBA 迟迟不复摆，2011-12 赛季已经确定推迟，而且可能整个赛季都被取消。想打正式比赛又不愿暂时放下 NBA 梦，比较可行的办法是：登陆欧洲联赛签一份短期合同，并特别附带跳出条款——一旦 NBA 停摆结束，可以即时终止合同返回，这也是几个月来许多 NBA 球员的做法。

2011 年 11 月中旬，消息传来：意大利罗马队有意签下林书豪。罗马队素来有使用美国控卫的习惯，现效力雄鹿队的 2009 年 10 号秀布兰顿·詹宁斯进 NBA 前，就是在这支球队打球的。"林书豪还是个年轻球员，他需要打比赛来保持状态，"经纪人蒙哥马利说，"和那些在 NBA 征战多年的老将不一样，经得起在停摆期的等待，他得打篮球。"

不过，落户实力在意大利联赛只能位列中游的罗马队，林书豪似乎并不甘心。倒是西班牙联赛强队皇家马德里，是他颇为中意的去处。

但是，主教练巴勃罗·拉索一口回绝了经纪人的报价，志在称霸国内联赛甚至欧洲冠军联赛的他们，觉得林书豪的分量不够——毕竟当时他只是个 NBA 的龙套球员。

"我们听过林书豪的报价，但说实话没怎么考虑他，"拉索解释道，因为停摆而到欧洲寻找打球机会的 NBA 现役球员很多，实力名气比林书豪更高的不在少数，财大气粗的皇马自然要好好挑挑，"当时我们手头有更大牌球员的报价。现在林书豪抓住尼克斯控卫无人的机会脱颖而出，发挥出色，但他也可能昙花一现……你永远不知道未来会发生什么事。"

因为做出去海外联赛淘金的决定有些晚，林书豪可选择的去处并不多，造成了高不成低不就的窘境。另外据其经纪人透露，父母对林书豪去欧洲联赛打球也不是特别赞成。他们虽然支持儿子以篮球为职业，但去山高路远人生地不熟的欧洲打拼还是心存顾忌；打中国联赛还可算是衣锦还乡，离开美国去欧洲除了能打比赛，其他地方似乎都没什么好的……最终，林书豪方面还是拒绝了意大利方面的邀请。

塞翁失马焉知非福，几天之后 NBA 官方就宣布，新的劳资协议初步达成，2011－12 赛季只会推迟、缩水而不会取消。

"我又有工作了！"得知这个消息后，林书豪第一时间发了这条 Twitter，表达自己的兴奋之情，他实在是憋得太久，太想打 NBA 了。

—— 训练场上与"幽灵"死磕 ——

林书豪的投篮动作，一直是勇士队友嘲笑的对象，但最关键的问题是，处子赛季中远距离投篮命中率着实不高。

为了能在 NBA 站稳脚跟，林书豪在 NBA 停摆期间特别加练了投篮：原地投篮，接球就投，跑投，后撤步跳投，后仰投篮……

这位训练狂几乎把能练的技术都练了个遍，甚至包括在遭到身体冲撞后的强行出手。而且，林书豪还独创了一个三分球练习法：打败幽灵。

所谓的幽灵，就是没有投中的三分球。林书豪自己制定的规则是，三分线外的投篮，投中得 1 分，投失扣 3 分，要得分为正数才算自己赢——换句话说，他投进的球数得是投失的三倍以上才能结束战斗。

一次训练中，林书豪已经命中 17 球，算是相当不错的成绩了，但却因为投失了 7 球，还是输给了幽灵。没办法，林书豪只能从头开始，继续和幽灵死磕……

结果整整 17 个回合下来，他才占到了上风。想想看，这是多大的训练量！

"我一定要赢，这就是也最令人钦佩的精神。"林书豪的高中教练如是说。与天斗，与地斗，与人斗，与自己斗，其乐无穷。

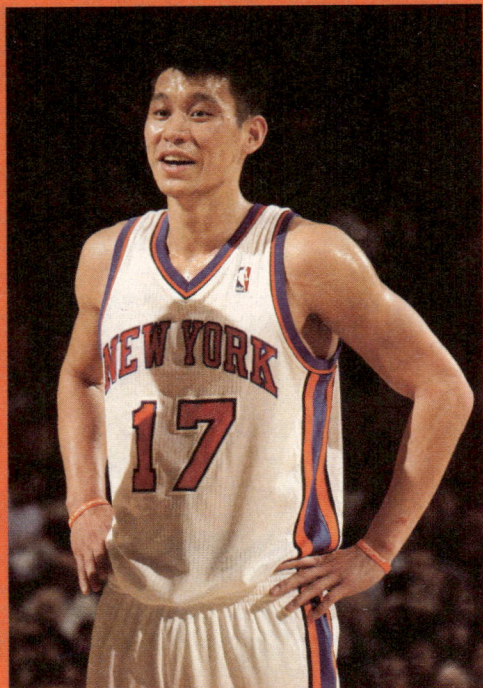

7

心酸曲折的重返麦迪逊之路

被"失业"，转投火箭

可 谁又能想到，短短半个月不到，林书豪就
失业了？

当地时间 2011 年 12 月 9 日，勇士队官方宣布裁掉
林书豪，后者只参加了两天的队内训练课，甚至还没来
得及正儿八经参加一次由新主教练马克·杰克逊指挥的

季前赛——他本来还想利用赛季开始前的训练和季前赛博得新帅好感，赢得一个主力替补控卫的位置呢！

此前已经说过，此后遭致纽约人爱、被奥克兰人恨的马克·杰克逊，真的是遭受无妄之灾，裁掉林书豪的决定，是勇士队的总经理拉里·莱利做出的。

这位自嘲"如今天天被勇士球迷用鸡蛋砸"的总经理，倒也实在怨不得他，因为当时勇士正准备签下快艇队的受限制自由球员德安德烈·乔丹，为了腾出更多薪金空间给对方开出高薪，只能放弃林书豪没有保障的第二年合同。只是最终结果无比悲催，德安德烈·乔丹没抢到，白白丢了个林书豪。

铁打的营盘流水的兵，何况只是一个年薪还不到 100 万美元的球员被裁。按理说在 NBA 这根本算不得什么事，但林书豪的特别身份，还是让这次失业引发了不小的轰动。

对于不介意用外援身份签下林书豪、现有外援又不够给力的 CBA 球队来说，这无疑是个好消息——现在他已经是自由球员了，来 CBA 打球不存在任何规则上的障碍。另外有人猜测，勇士如此决绝放弃林书豪，是不是准备签下易建联？否则，他们不是要失去当地的亚裔团体市场？

不过仅仅两天后，林书豪在 NBA 便实现了二次就业：中国球迷非常熟悉的火箭队，2011 年夏天彻底失去了姚明的火箭队，依照 NBA 联盟规定"认领"了林书豪。

"感谢过去一年支持我的所有球迷，我很享受在勇士队度过的美好时光，很高兴如今成为火箭队的一员。"林书豪的一条微博，彻底为自已在勇士队的职业生涯画上了一个句号。

值得寻味的细节是，林书豪并不是以完全自由球员与火箭签约的，而是火箭队主动在被裁球员名单上认领了林书豪，从商业角度说，就是火箭队顶替勇士队，继续执行被其放弃的第二年合同。对于签约一向谨慎，谈判时斤斤计较的火箭管理层，这绝对算是出手阔绰的一次了。

火箭队也曾在 2010 年选秀大会后邀请林书豪代表本队参加夏季联赛，只是最终被小牛占了先，这一回他们也算是得偿所愿。有人怀疑，火箭队里已经有凯尔·洛里、德拉季奇（就是林书豪选秀时自比的那位）和约翰尼·弗林（2009 年选秀首轮第 6 位）三个不错的控卫，为什么还要签下林书豪？其实是，火箭当时正准备和湖人等球队做交易，德拉季奇和弗林都有可能被交易出去，林书豪则是管理层认定的"合格备胎"。

但鲜为人知的是，当时想认领林书豪的不止火箭一队。东部传统强队凯尔特人在其被勇士裁掉后也有意接手，但由于火箭按 NBA 规则拥有对林书豪优先认领权，凯尔特人只能抱憾而归。

林书豪在纽约蹿红后，绿衫军总经理丹尼·安吉既遗憾又欣慰，自己的眼光还是不错的，"我们当时很欣赏林书豪，当然没有人能事先预想到他竟然能打得像现在这么出色。我经常对别人说，NBA 联盟充

Jeremy Shu

满了机遇，林书豪在尼克斯能取得这么大的成功，就是因为他及时把握住了转瞬即逝的机会。尼克斯的战术体系，也正适合他发挥自身的特点，我真为他感到高兴。他是个非常优秀的年轻球员，他的经历极富传奇性。"

火箭二裁林书豪，伤不起

不过，计划赶不上变化，赛季前震惊整个 NBA 的湖人火箭黄蜂三队大交易，却被 NBA 联盟以莫须有的"篮球原因"叫停。如果交易成行，德拉季奇作为交易的一个筹码将离开休斯敦，林书豪也就基本确定能留在火箭，和弗林竞争第一替补控卫；但交易告吹，火箭阵容里留着 4 个控卫显然就太多了，何况他们还准备签一名大个子球员，以补充羸弱的内线。几位控卫中，只有林书豪的合同是没有保障的，放弃难度最小，他在休斯敦的前途，岌岌可危。

赛季开始前，林书豪代表火箭队打了两场季前赛，首战马刺队他只出场 2 分钟，仅有 1 次出手还被对手盖掉，除此之外技术统计一片空白。与马刺的二番战，林书豪表现好得多，他出场 6 分钟三投全中得到 6 分，还抢了 1 个篮板球。马刺在比赛还剩 3 分半钟结束时还领

How Lin

先了整整 10 分，但火箭的三名替补后卫突然奇奇发威：弗林得到 4 分，德拉季奇添上 2 分，林书豪则用两次上篮——包括标志性的反手上篮，在比赛还剩 34.6 秒时神奇地将比分扳成了 95 平。

但最后时刻，马刺队的新秀前锋卡瓦伊·莱昂纳德晃过了林书豪的防守后跳投命中，帮助本队 2 分险胜火箭队。面对身高达到 2.01 米、弹跳速度出众的对手，林书豪还是暴露出了防守方面的不足。

美国当地时间 12 月 25 日，圣诞节，林书豪没有得到圣诞礼物，反倒迎来了一个坏消息：为了签下中锋萨缪尔·达勒姆波特，火箭队决定放弃林书豪。距离 2011—12 赛季节目只有两天时间的当口，他又失业了。

"我们的确应该留下林书豪，但当初我们也不知道他能变得这么好，"火箭总经理莫雷事后表示，球队并不会因为错失林书豪而太后悔，毕竟当时放弃他签下达勒姆波特绝对是个正确决定，换了谁都会这么做的，"谁敢说自己早就知道这孩子能有大出息，那纯属吹牛。"

签约尼克斯，从哪里跌倒从哪里爬起

只差一步到罗马的感觉，无疑是最糟糕的了。何况当时大部分球队的阵容已经调整得当，比如此前对林书豪很感兴趣的凯尔特人队，他们已经不再考虑签下这个二度被放弃的华裔后卫。看起来，林书豪的 NBA 之路继续下去的难度已经相当大了。

但是，林书豪方面依然在坚持。有消息称，意大利联赛的特拉莫队曾经向林书豪伸出橄榄枝，但最终还是不了了之。"林书豪现在虽然是自由球员，但他仍然希望在这个赛季留在 NBA 打球，"蒙哥马利说。而他们最期待的就是，在美国时间 12 月 17 日早上 10 点前，能够有球队再次"认领"，这样还来得及赶上新赛季开幕。否则，林书豪将成为完全自由球员，只好等待着球队出现变故才可能补缺上去。

当时的情况是，勇士在争抢德安德烈·乔丹失败后，有意重新签回林书豪，因为老板拉科布其实并不怎么想放弃他。另外一个潜在下家就是尼克斯，虽然此前签下了拜伦·戴维斯，但这位前全明星控卫因伤要休战 8 周左右，需要再签一名后卫补缺，而他们对此前曾经效力过尼克斯的"扣篮王"内特·罗宾逊并不感冒。

最终，尼克斯没有给勇士和林书豪破镜重圆（或者说弥补错误更恰当些？）的机会，他们成功认领了林书豪。虽然合同仍然暂时处于非保障状态，但好歹他不会缺席 2011-12 赛季了。就这样，麦迪逊广场花园，一年半前林书豪开启 NBA 之旅时的失意地，如今却成了他危难时刻的落脚处，这真是个微妙的巧合。

—— 他是永远不会迷失自我的人 ——

　　林书豪的许多朋友，都见到过他在 NBA 打拼的艰辛，但他们却和林书豪抱着同样的想法：没有什么过不去的坎，希望就在前方。哈佛大学校友，基督教教友，电子游戏"战友"，本杰明·吴无疑是最了解林书豪的人之一："他是那种永远都不会迷失自我的人，他总能帮自己和他人找到生活的动力。"

　　2010 年参加夏季联赛时，当时还没有得到 NBA 合同的林书豪，只能和哈佛室友埃里克·李挤在一间小公寓里。可以想见那种生活很是不易，但李看到的是这样的场景："日子过得越苦，他在篮球场上只会练得更苦。那段等待最终结果的时间，心情就像坐过山车似的起伏不定，但他却坚持了下来，一心要超越前面的人，更要超越曾经的自己。"

　　而当林书豪先后被勇士和火箭裁掉，最终签约尼克斯但仍得不到上场机会时，就连他的密友都开始觉得，他选择坚守 NBA 是不是个错误。"他来我家做客时，我感觉他非常沮丧，"何凯成回忆道，"在外人看来，在 NBA 打球的日子是无比光鲜夺目的，但他们哪知道其中暗流汹涌。何况还有无数人对林书豪指指点点，说他该做什么不该做什么。"

　　那天晚上，两个好朋友一直聊到了凌晨 4 点。他们谈到了当时美国职业橄榄球联盟（NFL）的当红新星蒂姆·蒂博，他的成名经历相当坎坷——母亲在怀孕时身染重病，医生建议流产后进行治疗，否则药物极可能伤害到胎儿，但被这对传教士夫妻拒绝，幸好蒂博降生时无比健康；他两度率佛罗里达大学橄榄球队赢得 NCAA 总冠军，但特立独行的球风却不被人看好其在 NFL 的前途。

加盟丹佛野马队后，蒂博开始被安排打替补四分卫，没什么表现机会；但球队因战绩糟糕而更滑他为首发后，蒂博便开始带领野马队一路狂飙，直至夺取分区冠军。而且受父母影响，蒂博也是个无比虔诚的基督教徒，他在脸上写《圣经》的行为，达阵后单膝跪地祈祷的庆祝动作，已经传遍了全美。

"我对他说，蒂博也有过类似的落魄阶段，一度得不到足够的出场时间，但他最终成了球队的救世主，在他俩身上我发现了许多相似的地方。"现在看来，何凯成的眼光着实不错。

而林书豪在成名后，也特别对蒂博表达了发自内心的感谢："我是他的球迷，我不知道我们俩的故事是不是很像，但事实是，他的确在很大程度上激励了我。无论他在接受采访时所说的话，还是他对待比赛的态度，都令人感到不可思议。我非常尊重他，而且非常想像他那样为慈善事业做些事，对其他人产生一些好的影响。"

而同样是美籍亚裔人的热火主帅斯波尔斯特拉（菲律宾裔），则更愿意将从逆境中脱颖而出的林书豪，比作曾经帮助马刺三夺 NBA 总冠军、很长时间被认为是联盟外线防守第一人的布鲁斯 鲍文。

"布鲁斯在热火站稳脚跟之前，曾经被我们裁掉过两次，被 76 人裁掉过一次，被凯尔特人裁掉过一次，"斯波尔斯特拉回忆道，而且鲍文在 NBA 球队无人愿要他时还曾跑到欧洲打过球，"后来他被我们排除出主要轮换阵容，但许多年之后，他的球衣在最受尊敬的冠军队之一（指马刺）的球馆上空高高飘扬。"

林书豪如今率队所取得的成就，也许还不能和蒂博和鲍文相提并论，其职业生涯才刚刚开始；但谁也不能否认，他那颗坚韧强大的心，不比任何人差。

8

一个人的孤单成名史

尼克斯的亚裔小将

如果你爱他，就送他去纽约，因为那里是天堂；如果你恨他，也送他去纽约，因为那里是地狱。

把上面话里的"纽约"，换成"尼克斯"或者"麦迪逊"，同样适用。

作为 NBA 联盟历史最悠久的球队之一,又身处国际大都市纽约,尼克斯队无疑是职业球员最想加盟的球队之一,麦迪逊广场花园被誉为 NBA 的圣地麦加。

但是,纽约球迷可能是最挑剔的一批球迷,纽约媒体可能是最刻薄的一帮媒体,尼克斯的成绩又常常不尽如人意,在麦迪逊打球所背负的压力,不是每个人都能承受的。

也许在别处,林书豪的华裔背景可以为他带来更多关注,让大家对他宽容些,但在尼克斯,在纽约,这都算不上什么。甚至,他都不是尼克斯历史上第一位美籍亚裔球员。

Wataru Misaka,这是尼克斯在 1947 年选秀大会上挑中的球员,而他的本名则暴露了其特殊身份:三阪亘。他的父亲 1903 年从日本移民到了美国,20 年后,三阪亘出生于犹他州奥格登市,他是日裔美籍人,而且爱上了当时并不流行的篮球运动。

1947 年 NCAA NIT 锦标赛决赛,是三阪亘的巅峰之战,作为犹他大学篮球队的一员,他帮助球队战胜了由 NCAA 名帅阿道夫·鲁普执教的肯塔基大学,夺得了最后的冠军。

"三阪亘,一名日裔球员,一个擅长抢断的小个子,让豪强肯塔基大学度过了一个灾难般的夜晚。"

值得注意的是,这场 NIT 锦标赛决赛正是在麦迪逊广场花园举行的,这恐怕也是尼克斯于选秀大会上,在第 60 顺位摘下这个身高仅为 1.70 米,体重还不到 70 公斤(确切说是 68 公斤)的控球后卫的原因之一。是的,三阪亘和林书豪一样,都是控球后卫。

"说实话,我觉得尼克斯当时的老板签下我,可能是想让我当

2012第一次首发

门卫。"三阪亘开玩笑地说。不过，作为 NBA 历史上首位非白人球员——1950 年，三阪亘加盟 NBA 三年后，首位黑人球员厄尔·罗伊德才进入联盟——三阪亘的职业生涯数据确实比麦迪逊的门卫好不到哪里去。他仅仅代表尼克斯出战了 3 场比赛，共投篮 13 次命中 3 次，3 次罚球进了 1 个，满打满算拿下 7 分，随后就被球队毫不犹豫地裁掉了。有人怀疑他的被裁和当时美国反日情绪严重有关，但三阪亘本人觉得自己在尼克斯并没有遭到歧视，被裁的原因很简单，队里面好手太多了，自己根本用不上用场。

三阪亘的职业球员生涯就这样结束了，他拒绝了哈林篮球队的邀请，而是选择回家乡做一名工程师，"当时职业球员和工程师的薪水没多大区别。"

甚至，三阪亘都没和家人谈过自己打过 NBA 的事，女儿还是在读大学后偶尔翻查资料，才发现自己的父亲曾经在尼克斯打过球。当然，三阪亘还是很喜欢看篮球比赛，他是 NBA 爵士队和 NCAA 犹他大学队的忠实球迷。

2010-11 赛季后半段，已经 88 岁的三阪亘偶然发现，勇士队替补席的角落坐着一个亚洲面孔的球员，后来他知道了，这是自己离开尼克斯后，NBA 联盟 63 年来第一位亚裔美籍球员。三阪亘说，林书豪在 NCAA 打球时他也听说过这个名字，只是没有特别关注过，没想到

Jeremy Shu

他已经打进 NBA 了。

这些年，NBA 不是没有出现过有亚洲血统的美籍球员，比如雷蒙德·汤森德（有菲律宾血统，1978–1982 年在 NBA 打过 154 场比赛），比如雷克斯·沃特斯（有日本血统，1993–2000 年在 NBA 打过 335 场比赛），但三阪亘从来没有公开表达过自己的态度，因为他觉得这样的球员和自己还是有着本质区别，没必要大惊小怪。但当林书豪签约尼克斯，记者找到了三阪亘后，老先生还是愉快地接受了采访。

"我希望他能在大苹果城交好运，"三阪亘说，"说实话除了在电视里看到过关于他的一些新闻外，他究竟是个怎样的球员我不是很清楚。我只是非常希望他能够坚持下去，纽约对一名 NBA 球员来说是个非常不错的发展环境——当然奥克兰也不错，因为有许多华人都住在加利福尼亚州旧金山地区。不过纽约亚裔人也不少，我认为尼克斯之所以签下林书豪，一个原因是只要他保证出场时间，肯定能吸引一大票追随者。"

三阪亘还提到了自己给林书豪写信的事。"林书豪在勇士时我听说他是名很优秀的球员，只是暂时陷入了低迷状态，"三阪亘说，"我给他写了封信，在里面写道，你可能不认识我，但我要告诉你，在 NBA 打球现实有时候可能会变得糟糕，但请一定要坚持下去，不能轻言放

How Lin

弃。"三阪亘反复强调着一个单词"Ganbare","他在日语中的意思就是'坚持',我想告诉他,只要坚持,再坚持,就有可能迎来希望。"

老人将信寄到了勇士队,但一直没有收到回音。直到林书豪加盟尼克斯后,才托记者转告三阪亘,他收到了信,很感谢老先生的指点。而这,如今也成了三阪亘老人证明自己不是借着林书豪炒作的理由:"我以前没有看过林书豪在 NCAA 打球的录像,所以确实不太清楚他的实力到底如何。但他现在能得分,能主导比赛,这样的表现相当棒了,不是么?但是我确实是在一年前给他写的信,我可不想让大家认为我是在自我炒作。"

三进三出,机遇与挑战并存

事实上,先后在勇士队和火箭队吃瘪的林书豪,在尼克斯队面临的竞争同样强劲。虽然这里没有斯蒂芬·库里、凯尔·洛里这样的准全明星高手把持主力位置,但能打一号位的球员着实不少:不算缺阵赛季前半段的拜伦·戴维斯,还有曾带领国王打入西部决赛、上赛季又随热火杀进总决赛的老控卫迈克·毕比,2010–11 赛季场均取得 10.6 分 3.0 个篮板 3.0 次助攻的三年级球员托尼·道格拉斯,以及主教练颇为看好的新秀伊曼·舒珀特。如果不是舒珀特受伤赛季初一时无法上场,他们未必会"认领"林书豪。即便双方签约,林书豪也是队里地位最低的控卫,哪里有太多出场时间留给他?

现实和预期几无二致:加盟后的林书豪在前三场比赛虽都有出战,

但一共只得到 7 分钟时间，总计得到 2 分 1 个篮板 1 次助攻——这还比不上其他控卫一场的数据。

"林书豪在尼克斯队的处子秀正是对前东家勇士队，他的表现肯定让对方愈发认定，自己没有吃回头草的决定是正确的。"大嘴巴的纽约媒体已经开始嘲讽这笔签约了。

此后的生存环境则愈发糟糕，接下来 9 场比赛，林书豪只在垃圾时间里出场过 2 次——尼克斯主教练丹特尼根本没把这个替补球员放在眼里，林书豪的境遇比上赛季还要差。

"我们看好他的速度，我们看好他的侵略性，我们看好他的身高，我们看好他的渗透进攻能力。"丹特尼在球队刚刚签下林书豪所做出的评价，如今听起来相当讽刺。

结局不难想象：5 场比赛加起来只打了 16 分钟的林书豪，在今年的 1 月 17 日被球队下放到了隶属发展联盟球队伊利市鱼鹰队——这不难理解，伤愈复出的舒珀特 8 场比赛 7 次得分上双，道格拉斯近两场比赛也都拿到两位数得分，何况还有个毕比仗着资格老要分一杯羹。三个和尚没水喝，何况再加个林书豪？

从 NBA 到发展联盟，林书豪不是第一次，上赛季他已经三进三出了。但这次和以往有所不同：在勇士队时，林书豪的合同是有保障的，被下放也不会有被裁失业之虞；但如今他这份总价 77.8 万美元的合同，要到 2 月 10 日才能转为完全有保障的，尼克斯队随时可以与其解约而不必支付余下的工资。

林书豪不免担心，赛季开始前的悲剧要重演，自己的 NBA 梦很可能就此终结，最终只留下一个"NBA 历史上首位美籍华裔球员"的名声，成为 NBA 联盟全球化宣传的一个标签而已。

不过，林书豪的好运还没用完。在鱼鹰队他又遇到了一位知人善用的教练，他就是同时兼任爱尔兰国家队男篮主帅的杰·拉兰加。拉兰加在 NBA 名不见经传，因为他无论做球员还是教练都没在 NBA 露面过；但在欧洲篮球圈，他可是个人物。此前先后在法国、希腊、意大利、西班牙等多家俱乐部效力过，赢得了意大利杯、西班牙联赛冠军等荣耀，还加入了爱尔兰国家队。

在欧洲打拼了十多年的他，擅长使用的战术体系与有意大利背景的尼克斯队主教练丹特尼如出一辙：由控卫主导进攻，全权掌控攻防节奏。

在尼克斯队，有阿马雷·斯塔德迈尔、卡梅洛·安东尼这样的全明星球员，若干位有首发经历的控卫，当然轮不到林书豪来掌舵；但在发展联盟，拉兰加自然可以让林书豪尽情发挥。"我认为，林书豪在尼克斯队被要求执行那套战术时，看上去显然有些放不开，所以我就让他在发展联盟试试伸手，"拉兰加说，"结果他真的抓住了这个机会。"

林书豪确实将这根救命稻草牢牢抓在手中。1 月 20 日对缅因州红爪队，林书豪独得 28 分 11 个篮板 12 次助攻，帮助本队 122 比 113 取胜。即便发展联盟比赛水平远不及 NBA，但林书豪刚刚入队就能拿到"三双"，还是让所有人对其另眼相待。尤其对身陷连败泥潭、找不到可以将全队组织起来的合格控卫的尼克斯队，更免不了看得眼红耳热。

"纽约人为什么不再试试林书豪呢？看上去他比老迈年高的毕比好用得多。"也许是听从了美国 NBC 电视台的建议，在林书豪拿到"三双"后的第三天,尼克斯队召回了林书豪。但悬在他头上的达摩克利斯之剑并没有摘去,除非在剩余半个来月时间里有令人信服的表现,否则待拜伦·戴维斯也复出,2月10日前无论出于节约开支或者方便做交易哪种考虑,控卫严重过剩的尼克斯队都很可能将林书豪裁掉。

"我不会想太多,我只负责打球,在球队需要我的时候出场,尽情享受比赛的乐趣。"作为当事人,林书豪似乎反倒比旁观者还要轻松些,你不禁会诧异,他是如何保持这种平常心的?

"上帝也许另有安排。"林书豪说,这位虔诚的基督教徒坚信冥冥中自有天意。而过后在他身上发生的一切一切,也只能用这句话来解释了,再无他法。

最佳拍档菲尔兹甘当"绿叶"

从发展联盟重新回到尼克斯队后,林书豪的境遇略有改善。主场对山猫队,他仍是垃圾时间出场但效率奇高,6分钟就得到8分2个篮板4次助攻,投篮2中2,罚球4中4。

打火箭队,林书豪出场达到赛季最高的20分钟,得到9分3个篮板6次助攻,自第三节还剩8分钟尼克斯队主教练丹特尼将林书豪派上场后,就再也没有将他换下,显然对其表现相当认可。紧接着和活塞队的比赛,林书豪虽然只打了6分钟,但仍拿下4分4次助攻。客场斗强敌凯尔特人队,林书豪在第一节后半段就披挂上阵,此时的他俨然已经成了球队的第一替补控卫。

但是，仍然没有人就此认定林书豪已经安全上岸，不会被尼克斯队在最后关头裁掉。因为在这期间，他还有三场比赛被死死摁在板凳上。13 场比赛里输了 11 场的尼克斯队，几乎已经陷入绝境。

主教练丹特尼眼见帅位不保，他只能死马当活马医地胡乱试阵换人，球员也不知道自己前途如何。一朝天子一朝臣，如果球队真的换帅，像林书豪这样的边缘人，就更无法预测未来吉凶了。而过后传出的消息是，球队方面本来倾向于在林书豪的合同变为完全保障前裁掉他的，他们甚至已经找好了替补人选，曾经在多支 NBA 球队效力过的老控卫迈克·詹姆斯。

距离 2 月 10 日生死线只剩一个星期，林书豪的命运，却在尼克斯队最凶险的一段赛程中出现了转机。而红花也需绿叶扶，林书豪的最佳拍档兰德里·菲尔兹千呼万唤始出来。

其实，两个人的缘分早在林书豪加盟尼克斯前就开始了。还记得林书豪 2006 年与心仪的斯坦福大学无缘的经历么？当时的斯坦福主教练特伦特·约翰逊起初给出的答复是，由于此前已经召入了布鲁克·洛佩斯（现篮网队球员）和罗宾·洛佩斯（现太阳队球员）兄弟等三人，现在手里只剩下了一个奖学金名额，但还准备再招两名球员入队，所以暂时无法给林书豪提供奖学金——在约翰逊教练看来，这两个人显然比林书豪更好，任何一个愿意加盟斯坦福大学，将肯定得到这份奖学金。

"如果两个人都不来，那么林书豪会得到奖学金吗？"林母的追问，得到了对方肯定的答复："当然，如果他们都不来的话。"最终，约翰逊教练收获颇丰，心仪的两名球员尽入其手，一个是和林书豪打同样位置的达维德·迪尔戴，另一个就是菲尔兹。而且，二人都拿到了奖学金。

这个消息无疑给了林书豪不小的打击，而后斯坦福队中一名球员转学，林书豪的高中教练迪彭布罗克特别跑去找约翰逊教练，请求对方是否可以追加一份奖学金，却遭到了对方回绝，因为奖学金名额已经透支了。某种程度上说，菲尔兹也是击碎林书豪斯坦福梦想的因素之一。不过，他对当时的事情全然不知："我从来都没听教练说过他想召入林书豪，没人和我说过这事。"

2009 年，在旧金山地区举行的 Pro-Am 联赛上，林书豪和菲尔兹都受邀参加；2010 年，两人再度相逢在这块场地上，自此惺惺相惜成为朋友。当时菲尔兹的风头显然压过了林书豪，他是这两年联赛的最有价值球员。今年的 NBA 全明星赛期间，二人还拿这段经历互相开涮，菲尔兹自夸当时技压群雄，林书豪则揶揄他太招摇导致众叛亲离……

因此，当二人意外在尼克斯队重逢，其感情显然非其他队友能比拟的。刚刚来到纽约的这段时间，因为不知道自己能在这支球队呆多久，也不知道自己新赛季能拿到多少年薪，林书豪没有急着租房子，而是选择在自己哥哥和菲尔兹两家轮流暂住。因为和林书豪同年参加选秀、被尼克斯队在第二挑中的菲尔兹，也只是个拿着新秀底薪的 NBA 贫困户，租不起什么高档公寓，林书豪住在他那里时只好挤在沙发上。

当地时间 2 月 3 日，客场惜败凯尔特人队后，回到纽约的林书豪就睡在了菲尔兹家的沙发二，转天他们将迎来纽约德比战，主场对阵

2012年绝杀森林狼

拥有全明星控卫德隆·威廉姆斯的新泽西篮网队。谁曾想，一夜之间地覆天翻，林书豪的疯狂表演开始了。

沙发上睡出惊世奇迹

一次借宿引发的奇迹？在 NBA 此前的历史中，还真有暂住变久居的传奇。

故事的主角之一，就是雷霆队现在的主教练，刚刚在 2012 年全明星赛上荣任西部明星队主教练的斯科特·布鲁克斯。1988 年，选秀大会上名落孙山的布鲁克斯跑到 76 人试训，一时没有得到合同的他手头拮据，连租房的钱都没有。

幸好，当时效力 76 人的球星查尔斯·巴克利好心收留了布鲁克斯，让他住在自己家里。"查尔斯的确是个好心人，但我觉得他当时肯定认为，我在这里呆不久，很快就会卷铺盖走人。"布鲁克斯事后笑着回忆。结果是，布鲁克斯不仅整整在巴克利家里住了两个月，随后还和对方做了两年队友！

作为一个身高仅仅 1.80 米的落选白人控卫，布鲁克斯的 NBA 生涯长达 10 年，还曾经随火箭队在 1994 年赢得了一次总冠军。"我坚信，我是不会被裁掉的。"布鲁克斯当年对巴克利说的这句大话，最终变成了现实。

现在，我们还无法知晓林书豪能不能像布鲁克斯一样在 NBA 打上 10 个赛季，但我们已经见证，林书豪"从队友沙发上腾飞"的奇迹，比当年的布鲁克斯要不可思议得多。

美国当地时间 2 月 4 日，尼克斯队主场迎战篮网队，主教练丹特尼排出了和上一场相同的主力阵容，舒珀特出任球队的首发控卫。开场后，篮网队反客为主打了尼克斯队个措手不及，全明星控卫德隆·威廉姆斯更是完爆舒珀特，前 7 分半钟就独得 10 分 2 次助攻，后者则是 2 投全失，被抢断一次，还配上了 2 次犯规。无奈之下，丹特尼排上林书豪替下舒珀特。

"林风暴"传奇刚刚上映——

首节落后 10 分的尼克斯，在林书豪的带领下仅用一节就扳平了比分，作为替补控卫，林书豪单节独取 6 分 3 次助攻。下半场开始，丹特尼仍用舒珀特打首发，但很快又将其换下，再度上阵的林书豪更是一发不可收拾：下半场他独得全队最高的 19 分，全场拿下惊人的 25 分 5 个篮板 7 次助攻！一场比赛，林书豪创下了 8 项个人数据纪录！而开场风光无限、5 投 3 中的德隆，自林书豪出场后表现一落千丈，后 14 次出手丢了 10 次，风头完全被林书豪压过了。

尼克斯队替补席杀出奇兵显然大大出乎篮网队将帅的意料，他们怎么也想不到自己会被一个名不见经传的小个子打败。"如果你事先告诉我安东尼整场 15 投 3 中，斯塔德迈尔陷入犯规危机，那么我肯定会认为，我们队至少能赢 10 分以上，"篮网队主帅埃弗里·约翰逊先后以球员和教练的身份，在 NBA 摸爬滚打了 20 多年，这可能是他最窝囊的一次失利，"但他们替补席上却突然冲出个得到 25 分的家伙，这种输法真让我们感到泄气。"

德隆则对林书豪的爆发耿耿于怀："我们将太多注意力放在安东尼、斯塔德迈尔等人身上，结果疏忽了林书豪。随着比赛深入他越投越准，信心大增后又屡次冲入禁区上篮得分，已然是势不可挡。"而尼克斯队主教练丹特尼的话，无疑会更让对手郁闷，他坦言自己重用林书豪不过是一次赌博。

"我曾经自我怀疑过，但最终还是坚持了自己的决定，然后林书豪就给了我们丰厚的回报。"就连林书豪自己也没想到，能在毫无征兆的情况下打出如此完美的一场比赛，"我现在还处于震惊之中，刚刚在自己身上发生的所有事简直不敢相信，我仍在试着说服自己接受这个美妙夜晚。"回过味来的他，开玩笑地将功劳归于菲尔兹："感谢他在比赛前一晚让我睡他的沙发。"

待到林书豪如火箭般蹿红后，菲尔兹家的沙发也"鸡犬升天"，成了许多篮球迷顶礼膜拜的"神物"。菲尔兹曾经在自己的推特上曝光沙发的庐山真面目，而这张照片仅仅上传 3 小时，浏览量就超过了26000，几乎锁定年度最热门沙发的名号。而菲尔兹开玩笑地"拍卖"活动，居然收到了 50 万美元的报价，如果他真的割爱，那最贵二手沙发的名头，恐怕也要落到这张沙发头上了。

就这样，一名几乎就要被裁掉的龙套球员，摇身一变成了尼克斯队的王牌球员。纽约城，麦迪逊广场花园，再次成了奇迹诞生之地。

林书豪睡的菲尔兹家沙发

众人皆知的哈佛小子神奇之旅

自此之后的故事，就是众人皆知的哈佛小子神奇之旅。单单看看林书豪创下的这些纪录，就知道他有多么神奇了：

2月6日主场对爵士队，林书豪NBA职业生涯第一次首发出场，他得到28分8次助攻，帮助尼克斯队取得两连胜。他不仅再度刷新了哈佛球员在NBA的单场得分纪录，更是自活塞队传奇巨星"微笑刺客"伊赛亚·托马斯（1981年10月30日得到31分11次助攻）之后，30年来第一位首次打主力就拿到28分8次助攻的球员。另有数据显示，本赛季联盟出场时间超过135分钟的控卫里，林书豪的个人效率值高居第三位，仅次于两名超级控卫克里斯·保罗和德里克·罗斯。

2月8日客场挑战奇才，林书豪拿到职业生涯第一次"两双"23分10次助攻，2010年状元秀约翰·沃尔再度成了他的陪衬，尼克斯三战三捷。比赛进行到第三节，林书豪甚至上演了一出晃过沃尔突破暴扣的好戏，引发了全场球迷的欢呼，要知道这可是在华盛顿。

2月10日主场对阵湖人，林书豪打出了迄今为止最不可思议的一场比赛，面对赛前声称"不知道林书豪是谁"的科比，他全场狂砍38分，还有7次助攻4个篮板2记抢断，几乎可以说是只手掀翻了紫金军团。过去25年，尼克斯曾经拥有帕特里克·尤因、约翰·斯塔克斯、阿兰·休斯顿、斯普雷维尔、斯蒂芬·马布里、小斯塔德迈尔等多名擅长得分的球星，可还没有一个能在出场对湖人的比赛中得到38分，但林书豪却做到了。

他作为首发球员出战的前三场比赛，加起来得到了89分，自NBA联盟与ABA联盟1976年正式合并以来，没有球员在首发前三战总得分高过林书豪，无论乔丹、科比、艾弗森……这些得分如探囊取物的巨星们，都比不过这个华裔控卫。

2月11日客场背靠背打森林狼，对阵西班牙国家队首发控卫卢比奥，林书豪连续5场得到20+：20分6个篮板8次助攻，并在最后时刻用罚球绝杀了对手，帮助尼克斯队取得了赛季最长的五连胜。

打完湖人队后，林书豪已经成了NBA最当红的球员，为了亲眼目睹这个超新星，森林狼主场标靶中心上座率达到了八年来的最高，在历史上也能排到第4位。而他首发球员出场的前四战，总得分高达109分，同样是自1976年以来的最高，排在他后面的，个个是如雷贯耳的名字：艾弗森（101分）、奥尼尔（100分）、乔丹（99分）……正是由于林书豪横空出世，尼克斯本赛季的收视率比上赛季提升了整整2/3，。

2月14日客场对猛龙队，林书豪再取27分和职业生涯新高的11次助攻，并在最后时刻投中压哨三分，尼克斯90比87豪夺六连胜！几周前猛龙队曾经和尼克斯队讨论交易林书豪的事宜，但最终未能成行，想不到这么快就在他手上吃了大亏。而首发前五场共得136分的成绩，依然高居35年来最高。

2月15日主场对国王队，尼克斯100比85轻松取得七连胜，林书豪只出场26分钟，虽然仅得10分，但却将个人单场助攻纪录刷新到13次。"林疯狂效应"甚至蔓延到了股市上，拥有尼克斯队的MSG公司股票值已经创下了历史新高！当然，林书豪的纪录也不完全都是正面的，6 场首发 36 次的失误数也创下了 NBA 历史最高。

2 月 17 日主场对黄蜂队，林书豪迎来了自己首发后的第一场败仗，他虽然得到 26 分 5 次助攻 4 记抢断，但尼克斯队却以 85 比 89 憾负。这场比赛，黄牛票的平均价格高达 582.4 美元，比一周前升了 221%，比麦迪逊广场花园的平均票价也高了 111%。

自林书豪升任球队主力控卫后，尼克斯主场门票的黄牛价已经涨了两成！就连著名篮球游戏《NBA 2K12》也迅速对林书豪的能力值进行了调整，从不及格的 56 分（满分为 100）一下子调到 69，但就这样依然令球迷很不满：太低了！于是，迫于压力的厂商一周内第二次给林书豪升值：75 分！当然，7 场首发 45 次失误的纪录相当刺眼……

2 月 19 日主场对小牛，在巨星控卫贾森·基德的注视下，林书豪独得 28 分 14 次助攻 5 记抢断，助攻数和抢断数都创造了个人新高。卫冕冠军尽管已经想尽办法防守他，但收效甚微，最终 97 比 104 俯首称臣。

在尼克斯历史上，林书豪是继里奇·盖伦、沃尔特·弗雷泽和马布里后第四位在常规时间内拿到如此多得分和助攻的球员；而科比、韦斯特布鲁克、沃尔等一干球星，职业生涯迄今还没有取得过"单场 28 分 +14 次助攻"的成绩。而且自 2 月 4 日起的这一段时间里，林书豪的总得分达到 271 分，没有任何球员比他的总得分更高了。只是，连续 6 场比赛失误数都不低于 6，也让他成了 NBA 历史第一人。

2 月 20 日主场二斗篮网，面对一心寻仇的德隆·威廉姆斯，林书豪显然有些准备不足，21 分 7 个篮板 9 次助攻 4 记抢断的数据虽然不错，但却让德隆疯狂扔进了 8 记三分，独得 38 分！这场比赛，也是林书豪

2012年新秀挑战赛唯一得分

职业生涯第一次 6 次犯满被罚出场。

此前，因为纽约市民要求观看尼克斯队比赛直播的要求过于强烈，时代华纳有线公司和麦迪逊广场花园网络公司迫于压力，不得不结束长达两个月的冷战。"现在，超过百万的纽约市民终于可以在自己家里观看林书豪的疯狂演出了。"纽约市议会发言人克里斯汀·奎因高兴地宣布。事实证明这个决定是绝对英明的：对篮网一役超过 7.3 的电视收视率（超过 54 万个家庭观看），也创造了尼克斯队主场比赛收视率的历史新高——此前的纪录是"飞人"乔丹 1995 年第一次复出后，首次造访麦迪逊广场花园时独得 55 分所创造的 6.78，这一度被认为是不可能打破的成绩。

2 月 22 日主场对老鹰队，林书豪毫不费力地攻下 17 分 9 次助攻，助尼克斯队轻取对手。反观老鹰队的主力控卫杰夫·蒂格，出场 29 分钟，没有送出 1 次助攻——本赛季此前还没有一名先发控卫出场超过 20 分钟助攻数却为 0。

……

连已经宣称不会把林书豪递补进 2012 年全明星新秀挑战赛的 NBA 总裁大卫·斯特恩，都不得不臣服于林氏风暴的影响力，将其特别选入新秀挑战赛，这在历史上也是绝无仅有。

对比此前林书豪惨淡非常的职业生涯，这个二月，即便用"奇迹"来形容也远远不够。看看各国媒体天天绞尽脑汁变化词汇形容林书豪的神奇表演，这实在是百年不遇的盛景。

蹿红后成了淡定哥

和林书豪在哈佛大学、在 NBA 发展联盟有出色发挥不同，尼克斯队里并没有什么伯乐，他们并不比此前拒绝林书豪加盟的一干 NCAA 球队，以及裁掉他的勇士队和火箭队好到哪里去，否则林书豪也不会在赛季开始后看了 13 场饮水机。

"每次去麦迪逊广场花园球馆练球，保安人员总是拦下我，他以为我是训练师什么的。"对林书豪的忽视无处不在，愈发凸显他取得如今成功的难得，这简直是"一个人的史诗"。

更难得的，是林书豪一夜蹿红后依然能保持清醒，而没有被冲昏头脑。他总是谦逊地将赢球功劳归于整体，对自己的精彩表现则一言带过："我是个习惯了低调生活的人，这一切让我有点接受不了；但等我踏上赛场，就会立刻忘记别人说什么，全身心投入到篮球上。"

迄今为止，林书豪说过的"大话"，也不过是在对湖人独得 38 分后回应科比"不知道林书豪是何方神圣"的言论。"现在他可能该知道我是谁了。"再就是在全明星赛上谈到经常和自己交流的姚明，"我知道有时候他因为上课没法看尼克斯队的比赛，也许有一天，他会选择翘课来看我打球。"

低调、谦逊、待人有礼、说话得体，这绝对是 NBA 难得一见的优质偶像。就连那些被林书豪击败的对手，转回头也免不了关注他的表现，这个年轻人实在是太讨喜了。

就连"打败我们可能帮助林书豪火 10 年"（湖人球员语）的湖人队，被羞辱后也开始为林而疯狂。他们甚至在本该观看下个对手的录像带做战术分析时，打开电视看尼克斯队与猛龙队的比赛。

当林书豪三分绝杀对手后，距离加拿大航空中心 4000 公里外的斯台普斯中心居然迸发出了欢呼，仿佛是他们赢了球一样。更名为"世界和平"的罗恩·阿泰斯特，几近癫狂地跑进理疗室告诉几位因为做准备工作没看电视的队友，林书豪绝杀了！"Linsanity！Linsanity！"

更衣室外不知情的记者们一时都懵了，他们根本无法想象，湖人球员怎么会为几天前刚刚狠狠羞辱自己的林书豪而忘情欢呼？但现实就是这样。"我记得上一次湖人球员看电视直播的 NBA 比赛如此激动，还是 2008-09 赛季的事，"洛杉矶一位老记者回忆道，"那是 2008 年 12 月上旬凯尔特人队对步行者队的比赛，两队一直打到了加时。湖人队上下正在为即将到来的圣诞大战摩拳擦掌——因为他们上赛季总决赛输给了死敌凯尔特人队，第六场更是被对手血洗，整整输了 39 分，他们一心要复仇。结果凯尔特人队最终险胜，把连胜场次增加到了 12 场。围在电视机前看到这个结果的湖人球员非常沮丧，咒骂声不绝于耳……"可现在的情况是，他们在为一个击败自己的球员欢欣鼓舞。

这就是林书豪如今的影响力，他会让对手感觉自己不是输给了林书豪，而是输给了命运的安排，就像当事人所说的那样："上帝以一种不可思议的方式创造了奇迹。"有谁会不想成为伟大历史的见证者呢？名利双收，只要你想，可以赚得盆满钵满，这是林书豪走红后的现状，哪怕当事人并不看重金钱。

林书豪蹿红仅一周，他就成了 NBA 官方网店和实体店球衣销量最高的球员，科比、詹姆斯、杜兰特等人气球星都被他比了下去。尼克斯的相关商品销量比去年同期暴涨 200%，网站点击率上升 47%——

纪念T恤

这大多要归功于林书豪。

而林书豪对湖人队一战所穿的球衣，在尼克斯队举办的慈善拍卖活动中，居然拍出了 4.23 万美元的天价！林书豪的新球赛季签名球星卡，拍卖成交价竟然达到 2.1 万美元。而带着他签名的勇士球衣套装，卖家狮子大开口 10 万美元起拍，居然有十几个人竞价！

林书豪的赞助商更是为这飞来商机大喜过望。2010 年 8 月与林书豪完成签约的耐克公司，原本希望能借这个华裔 NBA 球员开拓

中国台湾市场，但此前效果并不理想——表现才是硬道理，球打得不好消费者自然不买账。但如今情况可完全不同，全世界的篮球迷都想"疯狂一把"。于是耐克公司迅速做出决定：为林书豪推出名为"Linsanity"的特别版本球鞋，相同主题的 T 恤则已经抢先上市。

而作为 NBA 联盟官方赞助商的阿迪达斯公司，也不愿放弃这生财良机，以最快速度发售以林书豪为设计主题的服饰。著名的帽子品牌 New Era，趁着全明星赛前推出来两款林书豪特别版棒球帽。至于那些非正式合作的产品，实在是不胜枚举。更有一位加利福尼亚州商人抢注了 Linsanity 的商标，希望借此大赚特赚……

据林书豪的经济团队透露，林书豪的代言费在不到一月时间，以火箭的速度蹿升了十倍，如今更是已经达到百万美元的级别。即便如此，踏上门来表达签约意愿的商家依然络绎不绝，而且不乏世界知名的品牌。

而尚未经证实的传闻是，耐克公司为了避免林书豪被竞争对手抢走——已经有中国本土运动品牌瞄上了这个华裔背景的 NBA 新宠——一向对方提前开出了续约合同，每年的代言费金额将达到 200 万到 400 万美元，这已经是除了詹姆斯、科比、杜兰特等少数超级巨星之外的最高价码。

著名财经杂志《福布斯》记者迈克·奥赞尼安甚至估测，林书豪的个人品牌价值已经高达 1400 万美元，和科比几乎不相上下，在所有职业运动员里能排进世界前十！

可和大家预期的完全不一样，林书豪不仅没有借此良机大肆吸金，反倒授意经纪人蒙哥马利婉言回绝了不少广告赞助请求，金额多达上百万美元。"几乎所有商家都对林书豪感兴趣。"内部人士爆料道，这不难理解，到哪里找如此形象完美又红到发紫的代言人呢？

"但林书豪却不想陷入到这样的环境中，他希望再仔细观察后找到真正适合自己的合作，而并非一味捞快钱。他要确保涉及自己的交易都是恰当的。"据悉如有必要，林书豪的团队将聘请市场和公共关系的相应专家，专门来应对如潮的赞助申请。而其中方经济团队同样在重金诱惑下没有动心，而是希望能帮助他找到最符合自身定位的赞助商。当然，那些本有机会签下林书豪却没有出手的商家，肯定肠子都悔青了。"就在这个赛季开始前，我们还给一家报过价，6 位数，结果人家没答应，嫌贵，"经济团队的某位工作人员说，"而现在……可就没这个价了。"

众人皆醉我独醒，林书豪的淡定和坚持，令人叹服。而这，与他是一名虔诚的基督教徒有着莫大关系。

虔诚信仰就是奋斗的力量

在美国，你可以随处看到《圣经》，也能见到基督教徒；但像林书豪这样能够深刻领会教义，虔诚至极的教徒也着实不多。某种程度上，这是他强大内心力量的源泉，是他坚信不移的"天道酬勤"。

"我甚至不是为自己打篮球，是的，不是为了别人和自己，而是为上帝，他是我的观众。我只是打比赛，结果将由上帝来决定每场比赛。"听起来，这是一种极其不真实的心态，但却是林书豪思想的真实写照。

很早就随着父母去教堂的林书豪，在高中开始真正成为一名基督教徒，那也正是其篮球生涯渐入佳境的时候，突然长高的经历让他相

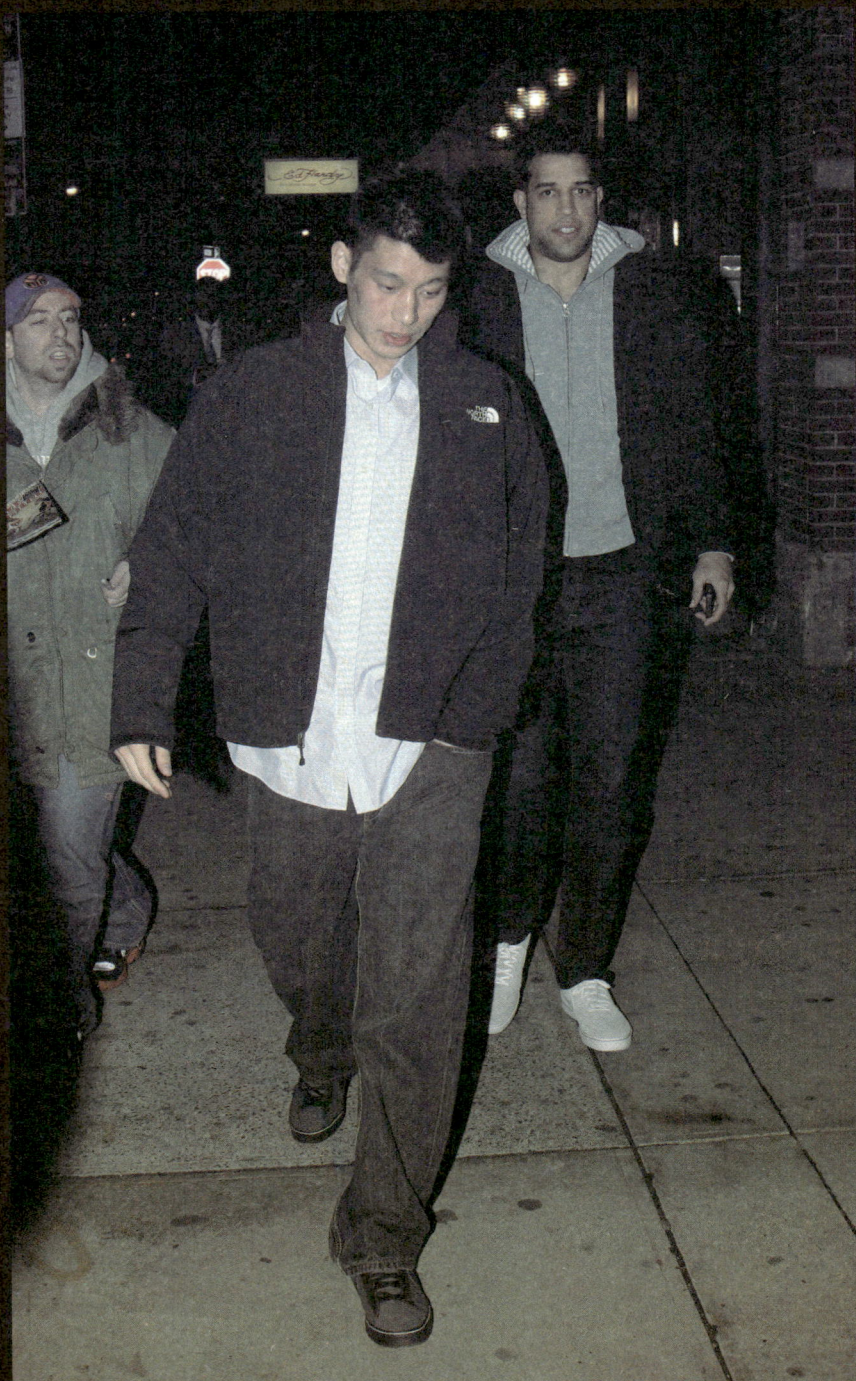

与队友兼好友菲尔兹

信：冥冥中自有天意。

"信仰和篮球，起初的时候也是分开的。父母此前不止一次和我说过，要为上帝的荣光而打球，但我一开始完全不明白这是什么意思。但渐渐的，基督教开始在我的篮球生涯中起着越来越重要的作用，尤其在从高中升入大学的那段时间。"当时求学屡屡碰壁的他，最终不情愿地来到哈佛大学，但没成想却因祸得福。

"当上帝为你关上一扇门的时候，他会为你打开另一扇门。所以我很感谢上帝，感谢哈佛大学给我机会。现在回想起来一切都是上帝的安排。"于是，这个曾经和其他人一样抱着为自己为球队打好球的梦想的少年，最终"放弃一切只为上帝打球"。

林书豪相信：世事结局早已注定，所以根本不要有太重的胜负心。打比赛最重要的是态度，而不要过于在乎数据。"我学着变得谦逊，尊敬所有对手以及裁判，球场上我不止一次碰到对我说过分话（含有种族歧视的语言）的对手，但你必须保持沉默，宽容他们。只要你愿意，都可以将自己的信仰付诸于篮球这项运动上。"

进入 NBA 联盟后，林书豪愈发感受到了信仰的力量。给他打电话邀其参加夏季联赛的小牛总裁小尼尔森也是个虔诚的基督教徒，他告诉林书豪："这不过是上帝在你的人生道路上设置的一个小小障碍而已，是对你的一次考验，如果想实现你心中的梦想，就必须要跨越这道障碍。"也正是这句话，让本来心情低落的林书豪豁然开朗，最终守得云开见月明。

在勇士几乎得不到出场机会时，林书豪也免不了怨天尤人。"有时候待到比赛结束，我会跪在地上向上帝祷告，问他为什么还要让我陷入这样的困境，好像故意难为我一样，令我举步维艰。"但他最终还是想通了："以前我的情绪完全被球场上的表现控制了，表现得好回家就会兴高采烈，打得一团糟就会垂头丧气。不过渐渐地我明白了，我得抛弃这种错误的想法，我要为上帝而打球，球场边只有上帝一个观众。"

在林书豪看来，篮球是上帝用来改变自己的工具。通过篮球，一个原本骄傲好斗的男孩变成了善于自控的谦谦君子，深知"爱"与"无私"的真谛。"其实我喜欢和他人竞争，喜欢证明对方是错的，听到别人对我说那些充满侮辱词语的话，我也很想回骂过去。但我渐渐懂得，不该让这些身外事影响到自己的心，以牙还牙是不对的……上帝用篮球教导了我，让我变得更加强大。我在篮球上学到太多东西，当我回顾自己的这段经历时，不得不承认，上帝为我制定了一个完美的计划。自从我把上帝和篮球结合在一起，就愈发感受到了上帝的恩典。"

林书豪说，自己最喜欢的《圣经》章节，便是《新约·罗马书》第五章的第3、4、5节。"即便在患难中，也要欢欢喜喜，因为我知道，患难生忍耐。忍耐生历练，历练生希望。希望不至于羞耻，因为所赐给我们的圣灵将神的爱灌溉在我们心里。"——磨难，不过是上帝给人的考验，就像古语中所说的"天将降大任于斯人也，必先劳其筋骨，饿其体肤，空乏其身。"如果能保持这样的好心态，又何愁大事不成？

"成为牧师是我的理想"

时至今日，林书豪仍然没有放弃自己的理想。"我希望自己最终能成为一名牧师。"

拥有经济学和社会学双学位的哈佛大学高材生，已经成为 NBA 首发球员的当红偶像，摇身一变成了布道的牧师？这实在是难以想象。但熟悉林书豪的人都知道，这的确是他多年来的心愿。

大学室友何凯成介绍道：林书豪在哈佛特别成立了一个亚裔基督教小组，并将当时并不信基督教的何凯成也拉了进来。他们无话不谈，尤其在有人遇到困难时，这样的朋友就愈发珍贵。

何凯成大三时因为伤病影响被哈佛大学橄榄球队贬为替补，情绪一度相当低落，林书豪便天天为自己这位好友祈祷，"祷告词听得我耳朵都出茧子了。"另外，林书豪还特别给何凯成写了一封长长的邮件，和室友分享自己以前努力渡过难关的事情；他还特别将《圣经》中一些鼓励的句子摘出来。当有些人对林书豪和何凯成口出不逊时，林书豪总是说，由他们去说吧，上帝会帮助我们渡过难关的，这是上帝给我们的磨练。

可以说，篮球场外的林书豪已经是个非专职牧师了，他做的可不就是传道解惑的工作？"书豪今年年初觉得自己可能会被裁掉时，曾经对我说过，如果没法继续自己的职业篮球生涯，就去做一名牧师，传播自己的信仰。"何凯成再度证实了林书豪的心愿并非随口说说。

"我希望自己以后还能进入神学院进修，最终成为一个受人尊敬的牧师，我真的很喜欢参加社工工作，希望自己能够帮到一些不发达地区的人，"林书豪说，"我喜欢做这些事，因为我的队友里有许多人，小时候都生活在非常艰苦的环境，他们可能长在单亲家庭，甚至父母双亡。他们也许很穷，也没有什么资源可利用，但这里是他们成长的地方，我愿意到这样的环境里工作。"

事实上，仍在做职业球员的林书豪已经开始潜移默化地影响身边人了。他和队友菲尔兹的开场秀，已经成了当今NBA最知名的开场秀——只有这对分别拥有哈佛大学和斯坦福大学背景、也都是虔诚基督教徒的好朋友，才能想出这样的动作：二人作势戴上眼镜，菲尔兹翻开一本圣经，林书豪则很认真地阅读着，看完一页再翻到下一页；看完后二人合上圣经，摘下眼镜放在上衣口袋里，一起以手抚胸，再以手指天，向上帝祷告……即便你不信基督教，但看到这一幕也会有所触动：难道这席卷全球

开赛前仪式

的林氏风暴，力量的源泉就在于此？

从大学到NBA，从未闹过绯闻

宗教的信仰，甚至影响到了林书豪对女友的选择。

这位新晋白马王子究竟有怎样的情史，未来他会与谁牵手，已然是美国和中国娱乐和体育媒体非常关心的场外话题。可让娱记们失望的是，林书豪从大学到 NBA，从来没有闹过任何花边绯闻。

NBA 倒也可以理解，以前他不过是个可有可无的龙套球员，没出什么桃色新闻不足为奇。可在哈佛大学，林书豪也算是校园里的风云人物——校运动队成员是很受女孩子欢迎的，这也算是美国高校的潜规则——能够保持如此"清誉"殊为不易。

"我们身边总不乏女孩子出现，有时候也会和她们打打闹闹，但我们心里都有一个底线，知道什么事情该做，什么事情不该做，基督教徒应该遵守的东西，我们是绝对不会越界的，所以我们不可能做什么过分的事情。"何凯成说。

在哈佛大学，林书豪也曾经追过女孩子，并交了一个女朋友，对方也是虔诚的基督教徒；两人感情不错，但大学毕业后，他们并没有继续走在一起，此后，林书豪也再没有交过女朋友。

当林书豪从无名小卒变成当红小生，关心他另一半的人突然间多了起来。甚至有八卦媒体有鼻子有眼爆料：篮网队球员克里斯·亨弗里斯的前妻、好莱坞名媛金·卡戴珊，拜托尼克斯队球星安东尼的妻子拉拉牵线搭桥，希望能与林书豪约会，对此林书豪公开表示否认，而其说话方式也充分展示哈佛高材生的高水平："我不是她喜欢的那种类型。"

事实上人们都清楚，金·卡戴珊这样的"派对女王"型明星，怎么可能和这位虔诚基督徒走在一起？但是，美国媒体还在乐此不疲地帮助林书豪物色"意中人"，包括当红女歌星拉娜德雷、有中国血统的演员凡莎妮·哈金斯，超级模特凯特·阿普顿，名媛希尔费格，美女体育记者珍斯特格、美越混血女星 Maggie Q……

但是，媒体的选择标准可不是林书豪的标准。"他是个对感情很忠诚的人，挑女友有自己的一定标准，对其个性等方面都有要求，"何凯成说，"他很在意对方是不是一个基督教徒。而且他还说过，更喜欢亚洲女孩。"

在这件事上，林书豪一直以来的态度都是：如果遇到，感觉又对，就顺其自然好了。当被问到心目中的理想伴侣都要符合哪些条件，林书豪哦啊回答道："首先，她必须真心信上帝，是一个虔诚的基督教徒；然后，要有乐于助人的思想，愿意帮助穷人，投身公益事业。另外最好性格要和善，好相处，低调节俭。"当然还有好友提出的那条，亚洲女孩尤佳。

显然，美国媒体列出的一干辣妹可能都不入林书豪法眼。这下轮到中国媒体忙活了，尤其是台湾媒体，他们迅速列出了演员陈妍希（热门电影《那些年，我们一起追的女孩》主演）、歌手萧亚轩和梁文音等信基督教又热衷公益的候选人物……

看来，除非林书豪亲口说出自己的真命天女，否则这番配对大猜想，恐怕是要无休无止了。

—— 互联网造就了神话？ ——

从无名之辈到一夜成名，林书豪创造的奇迹以迅雷不及掩耳的速度震动了全世界。放眼望去，别说 NBA 范围内，就是整个体育史都是绝无仅有的。

林氏风暴，可以说是互联网时代造就的产物。

福克斯体育对此的解读是："在如此短的时间内形成如此大的震动效应，从没有人有林书豪这样的经历。首先，现在是社交网络时代，推特和 Facebook 的传播速度远快于以往的电视节目，报纸和杂志等平面媒体更是望尘莫及。新媒体的特点就是，平民大众不仅参与传播新闻，还可以制造出新的内容。看看球迷为林书豪所起的绰号，用来形容他的词汇，如果没有互联网，这些都是不可想象的。以前的体育明星根本享受不到这些。"

而林书豪也回报了令他迅速成名的互联网。他脱颖而出的第一周，尼克斯队股东之一麦迪逊花园广场，股价从 29.8 美元迅速涨到了 32 美元，新增市值达到 1.68 亿美元。

短短一个月时间，尼克斯队的两个网站 NYKnicks.com 和 KnicksNow.com 的点击率骤升近 800%，网页浏览量轻松创下历史记录，相关新媒体受关注度也大幅提高。这可不光是混个脸熟，尼克斯股东企业的股票也因此飞涨，球队主题商品网络销售量更是比此前高了 4000%！

另外，一些个人也因林书豪而可能发笔横财。其拼音域名 www.linshuhao.com 被抢注后已经在网上竞拍，报价超过了 30 万元；而两年前，中国某体育用品公司就在中国境内成功申请了"林书豪"商标——或许以后，深圳唯冠公司和苹果公司关于 Ipad 商标权打官司的故事会重演一次。

9

凡人林书豪大爆发背后

台北篮协为何错失"归化先机"

除了恋情，林书豪身上另一个悬而未决的疑问便是：他会不会出现在洲际锦标赛、世界锦标赛甚至奥运会等国际大赛的赛场上？他会穿上哪支国家队的球衣？

这便是美籍华裔的特殊背景带来的困惑，如果看国籍，林书豪只能代表美国队打国际大赛；如果看华裔，那么他还可以选择代表中国男篮和中华台北男篮出战。

显而易见，NBA 里好手如云，想成为星中之星脱颖而出杀入国家队十二人大名单，对一位连选秀大会都没盼到出头之日的年轻人，简直是不可能的任务。因此很长一段时间里，代表中国队或者中华台北队被认为更具可行性。

早在 2010 年夏天，更渴求人才的中华台北篮协就已经出手了。在林书豪还没有加盟勇士前，他们已经通过相关渠道联系到了林书豪的父亲，希望从中国台湾走出来的老先生能说服儿子代表中华台北男篮出战，帮助已经退出亚洲一流强队行列的中华台北队冲出亚洲走向世界，出现在世界锦标赛甚至奥运会的舞台上。

中华台北篮协的态度很诚恳，他们第一时间应林家的要求出具了正式邀请函；只是在双方谈论具体事宜时，问题开始凸显出来。林书豪的 NBA 球员身份固然是个耀眼的光环，但按照规定，NBA 球员参加国际大赛必须要事先买好保险，以免在这期间受伤影响到代表 NBA 球队打球，损害了 NBA 方面的利益。

不过，规则并没有明确写出保险是国家队出钱还是球员自掏腰包。急于创造佳绩又不差钱的篮协，可以大手一挥给为国效力的球员买单；报国心切且身家富裕的球员，也可以自带保险合同到国家队报道；抑或是，其中一方找到赞助商愿意代付这笔钱。

可对中华台北篮协和林书豪而言，这三条路都不容易走通：中华台北篮协虽然求贤似渴，但实在是囊中羞涩，资金缺口高达千万新台币的他们难以承担林书豪的保费；林书豪代表中华台北队出战的愿望并没那么迫切，刚刚低薪签约勇士的他更不可能花这笔钱；两方一时又找不到愿意出资的商家。于是，"归化林书豪"这件事也便暂时搁置下来。

而在熟悉中华台北篮球的台湾记者朱彦硕眼中，没有第一时间抢下林书豪也多少有点客观因素。

一方面，最先联系林书豪方面的中华台北篮协理事长毛高文2010年5月刚刚上任，并非篮球科班出身的他，各方面工作开展得并不顺利，无论中华台北代表队成绩还是内部联赛都问题频出，一时间也没有太多精力投入到归化林书豪上。

到了2011年3月，毛高文突然身患重病进行紧急手术，不愿因个人因素影响篮协大局的他决定请辞。直到2011年5月中旬才最终决定由代理篮协理事长丁守中接任。

尽管丁守中一系列运作相当麻利：刚刚上任就立刻飞赴旧金山，与当时还是勇士队一员的林书豪会面，全力争取对方加入中华台北队；随即又聘请了曾经教导过林书豪的前NBA主教练鲍勃·希尔做球队技术顾问；甚至在未得到对方同意的情况下，先将其放入到备战2011年亚洲男篮锦标赛的24人集训大名单。

但最终还是未能如愿——2010-2011赛季结束后几个月，林书豪都在忙于治疗膝伤，不可能冒着伤势复发甚至加重的风险打比赛；且因NBA联盟陷入停摆，林书豪的合同也暂时处于冻结状态，他无法确认自己能不能在NBA站稳脚跟，也就无心再想其他事情。

2011年7月15日，丁守中无奈之中宣布，中华台北篮协暂时放弃归化林书豪的计划。"他的膝盖仍处于恢复期，而且医生也建议他不要进行有对抗性的训练和比赛，更是应该集中精力进行康复练习。我们也不急在这一时。"不过他肯定没想到，林书豪会在这个赛季有如此抢眼的表现，他们现在想归化这位当红 NBA 球员，难度可比一年前大得多了。

而在去年夏天，有意归化林书豪的除了中华台北篮协，还有中国篮协。

2010 年夏天，中国篮协还没有对林书豪太过在意。当时，大家的注意力还放在被认为前途远大的年轻后卫郭艾伦身上，甚至认为郭艾伦比林书豪更有前途的人也不在少数。

而且，还有一个不可忽视的原因就是，林书豪如果想加入中国男篮，他就要放弃自己的美国国籍，加入中国国籍——中国公民拥有双重国籍是我国法律所不允许的，代表中华台北队出战就没有这方面的问题。尽管林书豪是华裔，但生在美国长在美国的他会放弃美国国籍吗？谁也不知道。

到了 2011 年 8 月，林书豪在接受记者采访时突然透露，中国篮协此前也曾邀请自己作为归化球员参加亚锦赛，但因为膝伤未愈而婉拒了。

当他出现在亚锦赛举办地武汉，现场观看中国队和韩国队的半决赛时，"林书豪加入中国队"的传闻再度甚嚣尘上，而当事者给出的回复也颇为模糊："我会考虑加入中国队，但还没有做出最后的决定，我肯定会认真考虑的。如果时机到了，这是很有可能的事。"

随后的事实证明了，林书豪只是借暂时帮 CBA 东莞新世纪队打比赛的机会，顺便来看亚洲男篮锦标赛的 。不过据其中方经济团队透露，一些CBA球队邀请林书豪在NBA停摆期间来中国打球的同时，也有人在做着林家的工作，希望林书豪可以放弃美国国籍加入中国国籍，这样可以不占用外援名额打CBA联赛，那样可选择球队和个人待遇肯定要好得多。另外，他还可以加入中国男篮打世锦赛奥运会，填补姚明退役留下的偶像真空不是没有可能。

只是自小接触美国文化的林书豪，想法大不一样，他并不特别在意能赚多少钱，能出多大名。期盼参加世界大赛，就像当年期盼打NBA一样，只是在其篮球生涯上设立的又一远大目标。而今，他有望在更高层次上实现自己的目标——美国队。

Jeremy Shu

美国队，林书豪的下一站？

入选美国队？入选精英齐集的"梦x队"？就在2月以前，这对于林书豪还是个遥不可及的梦想。可在过去短短一个月，这个问题已经被讨论过太多次了。

但不为人知的是，林书豪与美国队的缘分，比预期的还要早一些。

据知情人透露，当林书豪被尼克斯队下放到发展联盟，并在今年1月20日拿下大号"三双"后，就有美国篮协的工作人员找到了他，询问他是否有兴趣作为陪练球员，参加7月美国男篮为备战伦敦奥运会而举行的训练营。

这的确是个太出人意料的突发事件，林书豪本人包括经济团队，都不明白美国篮协怎么会突然找上一个当时在 NBA 都打不上比赛的球员。唯一还算靠点谱的猜测是，可能是哈佛大学主教练阿梅克向自己的恩师、杜克大学主教练兼美国男篮主教练沙舍夫斯基推荐的，在 NCAA 表现出色的他对国际大赛中常见的联防战术更熟悉，可以帮助美国男篮球员更好地训练。不过，当时林书豪连自己的 NBA 饭碗保不保得住都不知道，哪还有闲心敢想给美国队当陪练的美差？这件事也就根本没放在心上。

但重返 NBA 并率队连战连捷后，林书豪与美国队之间的距离已经被瞬间拉近了许多。用著名篮球记者大卫·阿尔德里奇的话说，虽然面临着同位置若干好手的激烈竞争，但林书豪在未来入选美国队绝非异想天开。"入选国家队是个异常繁复的过程，但如果林能够保持现在这样的稳定发挥，率尼克斯队进入季后赛，那么他肯定会成为美国男篮的考察对象。"

林书豪的华裔背景，并不会成为他入选国家队的障碍。1996 年代表美国参加亚特兰大奥运会的奥拉朱旺，就是尼日利亚人，后来才入籍的；林书豪则是正儿八经拥有美国国籍的 NBA 球员，就更没有被拒之门外的道理。随着他发挥渐入佳境，越来越多圈内人认为，林书豪有希望创造历史，成为美国国家队的未来一员。"只要林能稳定发挥，下届大赛的集训大名单上应该会出现他的名字。无论从技术角度还是人气角度分析，林都是个相当不错的选择。"

另外还有一个不可忽视的因素是，尼克斯队主教练丹特尼也是国家队的助理教练，他可以将爱将的表现第一时间反映上去。丹特尼也毫不否认林书豪有望入选国家队："林当然有机会为美国队效力，他的前途不可限量，我们要做的就是一起期待见证他会发展到什么程度。至少现在我没有任何证明他进不了美国队的理由，他不是还没有代表其他球队参加国际篮联组织的比赛吗？所以我觉得他代表美国队没问题。"

而当美国男篮国家队"大总管"杰里·科朗吉洛都展出了表达对林书豪的看法，林氏风暴刮进美国队已经是不争的事实。这也难怪，2月林书豪对阵的对手里，出现在国际大赛上的强手颇多：小牛队控卫基德是参加 2008 年奥运会的美国队主力控卫，而他的外线搭档就是湖人队的科比，篮网队控卫德隆·威廉姆斯则是替补控卫之一，林书豪与三大后卫对阵 4 次，只是被铁了心复仇的德隆赢过一次。而森林狼队主力控卫里基·卢比奥和猛龙主力控卫何塞·卡尔德隆，则是另一支豪强西班牙队的两大控卫，林书豪与他们对阵全然不落下风，最后还绝杀了对手。

这样的表现，科朗吉洛自然看在眼里。这位已经 72 岁高龄的老者慨叹，他看了几十年的篮球比赛，还从未见过有和林书豪类似的事例。"在如此短的时间里就取得了这样的成就，林的经历，对 NBA 联盟，对尼克斯队，对这个年轻人自己，都是个堪称伟大的传奇故事。"

见多识广的科朗吉洛说，比前也有不少球员从替补席上站出来，立刻投入比赛并给大家带来了惊喜，但林书豪显然属于一个超大的惊喜，甚至可以说是震撼，"他的故事让我们不得不思考，到底有多少好球员，只是因为没有得到一个可以表现自身实力的机会，而就此被埋没了？"

那么，美国队什么时候会给林书豪一个表现的机会呢？科朗吉洛谨慎地表达着自己的观点：暂时不会考虑挑选新球员进入备战今年伦敦奥运会的大名单，虽然快艇队全明星控卫昌西·比卢普斯因为受重伤已经不可能再为国征战，毕竟，现有的名单里还有德里克·罗斯、拉塞尔·韦斯特布鲁克、德隆·威廉姆斯、克里斯·保罗等一干全明星控卫在列，这些人都无法保证全部搭上飞往伦敦的航班，更不要说林书豪了。但科朗吉洛也表示，国家队将继续考察林书豪的表现，他们也不会轻易否决像林书豪这样优秀的年轻球员入选国家队的可能性。

而《纽约时报》篮球记者格雷格·比肖普随后透露道，林书豪现阶段更可能实现的目标，是和其他青年才俊入选国家队训练营，陪大名单里的球员进行实战演练，帮助他们熟悉国际篮球比赛的规则。而这种猜测也得到了科朗吉洛的认可，如果届时真的成立一支男篮陪练队，那林书豪将是候选人之一。"德隆 vs 林书豪"这样的场景将不仅出现在篮网队和尼克斯队的纽约德比上。

如果真的能入选美国男篮"梦 x 队"，哪怕是只进入大名单，林书豪也将再度创造历史，成为美籍亚裔团体的超级榜样。亚裔篮球手在NCAA 一级联盟打球，成为绝对主力，打进 NBA，站稳脚跟，升任首发，表现优异，入选全明星新秀阵容……林书豪已经创造了太多不

201
Jeremy Shu-
How Lin

202
Jeremy Shu-
How Lin

2012年vs国王

可能。现在他又将挑战更高的难度，超越另一个华裔球员创造的历史

德里克·劳，这位毕业于华盛顿州立大学的华裔混血球员，此前也曾经参加过 NBA 夏季联赛，而且巧合的是也代表小牛队出战，但由于打二号位的他身高太矮（只有 1.85 米），最终冲击 NBA 失败，只好远赴欧洲联赛淘金。不过，被誉为美国夏威夷地区历史上最伟大篮球运动员的德里克·劳，取得了一个令所有亚裔球员都羡慕不已的成就：他曾经作为美国男篮的一员，参加了泛太平洋运动会。虽然赛事的水平不算高，但那毕竟是国家队，穿着国家队球衣的那份骄傲，是怎么也买不到的。而现在，林书豪是最接近这个梦想，甚至超越前辈的那个人；所有人都期待成为历史的见证者，而他们也相信，林书豪有能力创造下一个奇迹。

感谢他的，何止纽约人？

"感谢林，他让尼克斯队的比赛不再充斥着一对一单挑。"

NBA 历史上最伟大控卫"魔术师"约翰逊的话，无疑是所有纽约球迷的心声。但是该感谢林书豪的，又何止纽约人？

林书豪无疑已经成了 NBA 联盟失去姚明这个超人气偶像后，在庞大的中国市场重新竖起的招牌。"林书豪很可能将成为 NBA 在中国，在这个已经对篮球运动很狂热的国家推起新一波热潮的动力之源，"一位对中国篮球非常熟悉的 NBA 高层如是说。

而资深球探托尼·罗恩佐恩——他在 1998 年随小牛队总裁小尼

2012年台湾疯狂抢购林书豪产品

尔森到中国考察，在上海街头发现了正在打三对三比赛的姚明——则认为林书豪的影响力某种程度不亚于姚明。"我们在分析林书豪现象时，一个不能忽视的因素是，姚明身高达到 2.26 米，林书豪身高只有 1.91 米。

在中国，可能有三亿人打篮球，而其中两亿人都是后卫。"他的观点也得到了同行的赞同："林书豪的榜样作用，总会有收获成果的一天。"篮球少年可能没法模仿姚明，因为他们不能决定自己的身高；也可能没法模仿易建联，因为身体素质一定程度也是天生的；但他们可以模仿林书豪，他所打的篮球是人人都可能打的篮球，只要肯动脑，只要肯用心。

甚至，在足球风靡的欧洲，林书豪也得到了超级明星的待遇。"纽约，林的城市。"欧洲最著名体育媒体法国《队报》专门用大篇幅介绍了林书豪这位大苹果城的新宠。

意大利《米兰体育报》更是 10 天里三度刊发林书豪的新闻，甚至还有整版的特别报道。人们在赞叹这个体育奇迹的同时，也会收获一些篮球以外的东西。他所带来的教育意义，远比赛场上创造的纪录更持久。

林书豪通过不懈努力，最终实现愿望的故事提醒着人们，只要努力，没有不可能。无论在篮球场还是任何地方，他的成功，可以复制。

我们期待更多林书豪

也许，没有人比美国教育部长阿恩·邓肯，更适合评价林书豪现象的意义了。

邓肯和林书豪是哈佛大学的校友，前者拿到的是社会学学位，而林书豪是经济学和社会学双学位；邓肯和林书豪还都曾经是哈佛大学篮球队的一员，只不过前者没有打过 NBA，而是在澳大利亚职业联赛打了 4 年球。而且，他们俩彼此还认识，邓肯曾经特别跑到哈佛大学，现场看林书豪打球。林书豪曾经开玩笑说，邓肯是 NCAA 时代唯一一个来看自己比赛的"名人"。邓肯也说："那是当然，我可是他的超级粉丝。"

当看到自己的"偶像"美梦成真后，邓肯高兴地说——

我为林书豪所取得的成就感到万分激动。而且对于我而言，这绝对是非常重要的一课。看到他为大众做出的榜样，我真为我们国家的年轻人高兴，为全世界的年轻人都高兴——不管你是亚裔孩子，白人孩子或者黑人孩子，当你能亲眼看到那些全力以赴但此前没有获得机会的人，最终把握住了机遇，突破自我取得成功，都会深受鼓舞。

林书豪是一个如此谦逊，低调的年轻人。他不在乎自己的得失，不考虑自己的数据，他所做的一切，都为了使自己身边的队友变得更好。他为美国的孩子们，甚至为整个国家都树立了非常好的榜样。 他以正确的方式对待生活和比赛，我真的非常高兴看到天道酬勤。

当然，有时候好人并不一定会收获到好的结果。篮球运动能让人收获数不清的金钱和名利，但我最热爱篮球的地方，就在于它是一项需要团队合作的集体运动，而不像高尔夫那样是单打独斗。事实上，这正是林书豪做得最好的地方，他让自己的队友变得更出色，这是他为所有人上的最宝贵一课。

现实就是这样，人们看到林书豪，就免不了会联想到自己。从小到大他并不是过着养尊处优的日子，相反在他的篮球生涯里，受到过无数的歧视，没有人重视他的表现，没有人感谢他的付出。林书豪的故事不能算作彻头彻尾的一夜成名，其实他在此前很长很长时间里都是一名出色的篮球运动员。比起那些七尺长人，十二三岁就已经备受关注的明日之星，林书豪的经历更像一个普通人都可能拥有的经历，这也是我认为为什么他的故事能引起如此大共鸣的主要原因。

林书豪是一个非常了不起的人。他无比谦逊，明确自己的追求目标和人生价值观。实际上，任何人都可以在学术领域和运动领域同时取得成功，这两方面并不背道而驰，甚至可以互相促进。我总是强调：实验室，体育馆，表演课，辩论队，这些都会成为你非常宝贵的个人经历。林书豪的故事，就是年轻人学习的好榜样。我自己有两个孩子，这些日子他们每天都会关注报纸上的新闻，"林书豪今天表现怎么样？林书豪今天表现怎么样？"老实说听到这样的话我很开心，他们关心的是林书豪这个好榜样，而不是其他什么人。

可能还有人并不了解，林书豪的精神力量到底有多么强大。设身处地试想下他此前经历的一切吧：高中校队最佳球员，赢得了州冠军，在赛场上击败了全国排得上号的球队，但却在升学时屡次三番受挫，没人愿意招你入队……如果你在哈佛大学读书，从大二赛季开始就是最佳球员，并在对上一干豪强球队时都有着不俗发挥。

你击败过波士顿大学，击败过康涅狄格大学，对阵那些未来会成为NBA职业球员的天才时，仍然是场上表现最好的一个。可最终还是无人问津……我想许多人会就此放弃篮球梦或者干脆一蹶不振吧。

可林书豪不仅没有就此气馁、放弃或者抱怨。他什么多余的话都没说，而是用不间断的努力训练来回应这一切。他一直努力、努力、努力，坚持不懈和百折不挠的态度，是他成功的重要一环。

不用改变自己，不要忙着交新朋友。那些在你被金州勇士队和休斯敦火箭队裁掉时还陪着你的朋友，才是你真正需要的朋友。不要在乎虚名，金钱也没有想象中那么重要，那些都不是你打篮球的原因。你只要坚持不懈，继续睡在兄弟的沙发上也无所谓，哪怕其他人住在豪华公寓，开着价值不菲的越野豪车，而你一夜过后从沙发爬起来时，会感到饥饿难耐，肩膀会酸痛不已。

成功后的林书豪，依然保持着谦逊的态度，好像突如其来的一切都与他无关。虽然有许多事情要你去想去烦，所有人似乎都想和你交朋友，但其实你没那么需要什么新朋友，你只需要继续努力工作就好。

现在这种情形，林书豪确实面临着很大的调整。连番恶战，他的体能会面临透支，其他球队也会愈发重视他，未来的比赛将越来越困难。但你只需要继续上场好好打球，有个爱你支持你的家庭，有一直支持你的朋友、队友。有他们和你在一起，其他的真的都不重要。

每当有像林书豪这样的人取得成功后，我都会无比激动兴奋。我为林书豪激动，其实为这种榜样激动。不是因为他说过什么豪言壮语，而是因为他踏踏实实做出了表率，为孩子树立起了好榜样，这才是让我激动的事。

我们期待，这个世界会出现更多的林书豪。

——"一个伟大的故事"——

美国教育部长阿恩·邓肯，还不是林书豪球迷中官衔最大的——美国总统奥巴马才是，他和邓肯、林书豪一样，都是毕业于哈佛大学的高材生。

奥巴马此前和邓肯打球时，就听对方说过"哈佛出了个厉害的后卫叫林书豪"，后来奥巴马一位好友的孩子去哈佛读书，向他证实邓肯所言非虚。因此早在林书豪未进入 NBA 前，奥巴马就听过他的大名；当林书豪在尼克斯崭露头角后，奥巴马自然对这个华裔球员格外留意。

"总统是个狂热的篮球迷，今天上午我们飞去安德鲁斯空军基地时，他特别和我们提到了林书豪，"奥巴马的新闻秘书杰·卡尼在 2 月 15 日接受采访时说，"他所这是个伟大的故事，是那种超越体育本身的体育故事。"尼克斯险胜猛龙的比赛，奥巴马看到了林书豪的三分绝杀；而当林书豪听说这件事后，他也惊呆了："我觉得太荣幸了，总统啊，没什么比这更好的事儿了。"

日前，接受 ESPN 采访的奥巴马再度兴奋地重申："我比许多人都提前知道林书豪有多厉害。"他也不介意接受这样的调侃："奥巴马已经不是当今世界最出色的哈佛毕业生了。"而当被问到为什么不将赛季前颠沛流离的林书豪推荐到自己最支持的公牛队，奥巴马的回答非常巧妙：公牛控球后卫非常好，而且如果林书豪没有这番经历，也不会得到锻炼。

"这是个很棒、很有意思的故事。现实生活中，总有人会莫名其妙地错过些什么，这正是生活的有趣之处。林书豪是个优秀的年轻人，他提升了篮球这项伟大运动在整个世界范围内的地位。"奥巴马对林书豪的评价，简直高到了极点。

而如今林书豪未圆的一个心愿，就是在于邓肯见面并一同打球后，能亲眼见到这位总统先生。如果奥巴马能够获得连任，也许白宫是个最好不过的见面地点——林书豪以总冠军成员的身份拜访。在见证了如此大的奇迹之后，谁又说这不可能呢？

17

LIN